韶文化研究丛书编委会

岭南文化书系
韶文化研究丛书

利玛窦：中西数学文化交流的使者

曾　峥　孙宇锋　著

暨南大学出版社
JINAN UNIVERSITY PRESS

中国·广州

图书在版编目（CIP）数据

利玛窦：中西数学文化交流的使者/曾峥，孙宇锋著．—广州：暨南大学出版社，2015.12
（岭南文化书系·韶文化研究丛书）
ISBN 978 - 7 - 5668 - 1683 - 2

Ⅰ.①利…　Ⅱ.①曾…②孙…　Ⅲ.①利玛窦（1552—1610）—生平事迹　Ⅳ.①B979.954.6

中国版本图书馆 CIP 数据核字（2015）第 282361 号

出版发行：暨南大学出版社

地	址：	中国广州暨南大学
电	话：	总编室（8620）85221601
		营销部（8620）85225284　85228291　85228292（邮购）
传	真：	（8620）85221583（办公室）　　85223774（营销部）
邮	编：	510630
网	址：	http：//www.jnupress.com　http：//press.jnu.edu.cn

排	版：	广州市天河星辰文化发展部照排中心
印	刷：	韶关市新华宏达印务有限公司

开	本：	787mm×1092mm　1/16
印	张：	14
字	数：	212 千
版	次：	2015 年 12 月第 1 版
印	次：	2015 年 12 月第 1 次

定	价：	48.00 元

（本书所涉个别图片，如属个人版权，请函告出版社，以便支付薄酬）

总　序

一

韶关历史悠久，文化底蕴深厚，源远流长，为岭南开发较早的地区之一。宋代乐史撰《太平寰宇记》所引《郡国志》言："韶州科斗劳水间有韶石，两石相对，大小略均，有似双阙……昔舜帝游此石，奏韶乐，因以名之。"其实，"韶"字来源于"舜帝南巡奏韶乐"的千古美妙传说早在隋唐时期就已流传。隋开皇九年（589 年），韶州以"韶"为州名，千百年来始终未改。此后，在中华大地上以"韶"命名的古城韶州成为岭南著名州府。迄今为止，韶关是唯一以"韶"命名的历史文化名城。

马坝人的发现证明了早在十多万年前，人类的祖先就在韶关这块古老的土地上繁衍生息。石峡文化遗址的发掘又告诉人们，在四五千年前，这片区域已经与长江流域在经济文化方面有了密切的联系，及至秦破百越、纳岭南，韶州成为岭南最早归属中央政权管辖和开发的地区之一。汉晋以降，珠玑先民持续南迁至珠江三角洲，衍成广府民系和广府文化。可以说，韶文化是岭南文化早期的一个主要源头。唐代著名文学家皇甫湜在为韶州作《韶阳楼记》时写道："岭南属州以百数，韶州为大。"韶关作为广东北大门及粤北历史文化中心，自古就发挥了传输中原文化、弘扬岭南文化的先进作用。

韶关自古为岭南重镇，又是人杰地灵之都、山川灵秀之域。唐初，禅宗南派创始人六祖惠能在韶州弘法近四十年，述成了第一部中国化的佛家经典《六祖坛经》，形成了著名的禅宗文化。南北朝时期以勇猛刚烈著称的风烈将军侯安都，唐开元盛世名相、以风度名扬天下的张九龄，学深刚毅、文采拔萃、以风采而著名的北宋政治家余靖，明代抗倭名将陈璘，清代著名思想家廖燕等，都是受韶文化滋养的土生土长的韶州人杰。唐代大文豪韩愈，北宋文学家苏东坡，南宋诗人杨万里、著名理学家朱熹、名臣文天祥，明代才子解缙、著名学者丘睿、理学家陈白沙、科学家徐光启、军事家袁崇焕，清代著名诗人王士禛、

朱彝尊，以及民国时期革命先行者孙中山，新中国创建者毛泽东、朱德、陈毅等一大批名人都在韶关留下了千古流芳的诗文和历史足迹。在中华世纪坛上铭刻的一百多位对中国历史文化产生深刻影响的人中有两位外国人，其中有一位是被誉为"中西文化交流第一人"的意大利传教士利玛窦，他也曾经于明代在韶关活动六年，对西学东渐和东学西传作出了不可磨灭的贡献。

从古代相传"舜帝南巡奏韶乐"到岭南名州、历史文化名城，韶关经过代代相传，已经形成了岭南文化中不可或缺的重要组成部分——韶文化。因此，我们说，韶文化是指分布在粤北地区的、受历代行政区划和自然环境影响孕育滋生的一种有着较为突出特征的史志阶段的区域文化。简言之，韶关本土的历史文化就是韶文化。韶文化的核心是以"韶"为主的包容、和谐、善美的传统精神，其文化结构的主要元素是舜韶乐文化、客家文化、南禅宗佛教文化、历史名人文化、瑶族文化、矿冶文化、山区生态文化、红色革命文化等，在文化形态上既表现了与岭南文化的同一性，又表现出自然与人文各方面的多元性和独特性。正是由于以上在地域特征、自然生态、族源构成等方面显示出的诸多特殊性，以"韶"为主题的韶文化才得以确立，并在数千年的历史中不断融合发展。

二

韶文化是岭南文化中一个主要的文化类型。这个文化类型的特色在以石峡文化为代表的萌芽阶段已初现端倪，在秦代南越国及两汉以后步入发展阶段，曲江（又称曲红，因曲红岗得名）、始兴郡皆为当时岭南最重要的中心城市之一，特别是此地最富特色的以丹霞红岩为主的自然生态风光逐渐被人们发现，而且由于舜帝南巡，在岭南地区奏韶乐的历史传说，原名"曲红岗"的丹霞地貌被赋予"至美""至善"的韶乐精神，并命名为"韶石"："隋平陈，为韶州，以韶石为名。"（唐初梁载言《十道志》）至此，以"韶"为核心的优美的自然环境和善美和合的韶乐人文精神在粤北地区被有机地结合起来，韶乐、韶石、韶州成为这一地区最显著的文化符号。基于地方行政区划和自然环境特殊性而形成的区域文化——韶文化，在保留了岭南文化一般特征的同时，逐渐在粤北展现出自己独特的文化结构、文化形态特征，主要表现在：

——舜帝韶乐文化。它不仅是韶关得名之源，而且有历史上一大批古建筑作为载体，以及隋唐以来历代史志和名人歌赋作为文献记录。韶乐的和谐善美精神在韶关地区的传播至少有千余年，是韶文化

的精神内核，是统领其他文化要素的主导部分，也是区别于其他区域文化的重要地方特色。之所以把粤北地区的文化称为"韶文化"，其主要原因正在于此。

——汉族移民文化、粤北客家文化、瑶族文化、疍民文化构成了韶文化的民族民系主体。特别是持续南迁的珠玑巷移民构成了日后广府民系的主体，对岭南和东南亚的开发影响深远。

——发源于韶关的南禅宗佛教文化及其他宗教文化构成了韶文化精神层面的重要补充。南禅宗文化使佛教比较彻底地中国化，影响超出岭南，波及全国甚至全世界。

——历史上，粤北古道交通文化和名人文化突出。粤北是中原文化和岭南文化之间的主要通道、海上丝绸之路的陆上重要节点，而惠能、张九龄、余靖等都是岭南人杰，影响广泛。

——历史悠久的矿冶文化。韶关采矿历史久远、规模巨大，是世界上最早运用"淋铜法（湿法炼铜）"来大规模生产胆铜的地方。矿冶业延续至今，是韶关的重要经济命脉，也是韶关突出的城市文化特色和韶文化的突出特征。

——山区生态文化。地域居民秉承"天地同和"精神，在历史长河中与自然和谐相处，生态环境基本保持良好，是韶文化特色的显现，也是今后韶关发展的最重要的资源之一。

——以毛泽东、朱德、陈毅等人及抗战时期的广东省委在韶关的革命活动为代表的红色革命文化。此外，孙中山以韶关为根据地二次誓师北伐，抗战初期广东省省会北迁韶关等也都是宝贵的历史财富。

上述文化结构、文化特征是韶文化的主要内涵，也是我们开展韶文化研究的主要方向。

三

重视韶文化的研究、传承与弘扬，对岭南文化的传播与发展具有非常重要的意义。深入细致地挖掘和研究韶文化，可以有力地推动粤北历史文化研究的发展，推动地方人文历史与环境的良性互动，丰富人民群众的精神文化生活，深化岭南文化的固有内涵，促进岭南文化繁荣发展，为广东建设文化强省、韶关建设区域文化中心提供理论依据和文化支撑。有鉴于此，韶关市和韶关学院于2009年11月正式联合成立了韶文化研究院，现已拥有专职、兼职研究人员40多人，特聘文化顾问10人。研究院成立以来，在韶关学院和韶关市委宣传部、韶关市社会科学界联合会的领导与支持下，积极开展地方文化历史研究与传播工作，先后获准设立广东省张九龄研究中心、广东省韶文化研

究基地。2012 年 7 月，经广东省委宣传部和广东省社会科学院发文，研究院升格为广东地方特色文化（韶文化）研究基地，成为全省首批九大特色文化研究基地之一。

本丛书即是该基地的初期研究成果。丛书的规模暂不限定，计划先用三年时间陆续推出几批著作。目前选题以历史文化为主，专注于与韶关有关的人、事和物，今后将逐渐扩大研究范围。

感谢韶关学院的党政领导和韶关市委宣传部、韶关市社会科学界联合会对本丛书立项、研究撰写和出版发行的支持与资助。特别感谢本丛书的各位作者，正是由于他们的辛勤劳动和无私奉献，本丛书才得以付梓面世。暨南大学出版社对本丛书的出版发行给予了帮助，在此一并感谢。

是为序。

韶关市韶文化研究院
韶关学院韶文化研究院
广东地方特色文化（韶文化）研究基地
2015 年 10 月

前　言

在北京中华世纪坛的壁画上，雕刻着几千年来对中华文明做出过贡献的杰出人物。在100多位有名有姓的人物中，有两位外国人，一位是意大利旅行家马可·波罗；另一位是意大利传教士利玛窦。提起利玛窦，我们不应马上为他蒙上一层宗教的色彩，而应看到他对中西数学文化融合所做的杰出贡献。利玛窦率先将欧洲的数学、天文学、地理学、医学、机械学以及哲学、方法论等西方的科学与文化带到中国，因而被称为中西文化交流使者。

利玛窦（1552—1610年）原名马太奥·利奇（Matteo Ricci），1552年10月6日出生在意大利中部安科纳边境地区的马切拉塔城（Macerata）。父亲是一位药剂师，曾担任过教皇国里的市长，也曾代理意大利马尔凯大区的省长；母亲是家庭主妇。青年时代，利玛窦先

利玛窦浮雕像

是在罗马大学求学，1571年加入耶稣会，次年进入耶稣会开办的罗马学院学习神学、哲学和数学。1582年8月，利玛窦第一次踏上中国的土地——澳门，历经广东肇庆、广东韶州（今韶关市）、江西南昌、江苏南京等地，于1601年1月24日到达北京，随后被准许在北京居住。他在中国传教28年，直到1610年5月11日去世，终年58岁。

纵观利玛窦在中国的传教活动，大致涵盖了四个时期：肇庆期间是利玛窦传教生涯的拓荒时期；韶州期间是利玛窦"学术传教"的定型时期；南昌和南京期间是利玛窦在中国传教的成熟时期；北京期间是利玛窦传教政策的收获时期。而利玛窦对中西数学文化交流所采取的一系列重大举措正是在其传教活动的定型和收获期间完成的。

近几十年来，国内外学者在研究明末清初的那段中西文化交流史时，总是以赞许的态度对待利玛窦及他的同伴们，并且出版了大量的研究文献和专著。比如何兆武的《中西文化交流史论》、朱维铮的《走出中世纪》、黄一农的《两头蛇：明末清初的第一代天主教徒》、沈定平的《明清之际中西文化交流史——明代：调适与会通》、邓恩的《从利玛窦到汤若望——晚明的耶稣会传教士》、谢和耐的《明清间耶稣会士入华与中西汇通》等都阐述了中西文化交流的前因后果。

此外，一些关于利玛窦的传记，比如裴化行的《利玛窦神父传》、菲利浦·米尼尼的《利玛窦——凤凰阁》、史景迁的《利玛窦传——利玛窦的记忆秘宫》、林金水的《泰西儒士利玛窦》和《利玛窦与中国》以及利玛窦本人的《利玛窦中国札记》等都详细记录了利玛窦在中国传教和生活的史实。

这些学术著作多数从宗教学、政治学、哲学、伦理学等方面来讨论中西文化交流的过去、现在和将来，除了安国风的《欧几里得在中国：汉译〈几何原本〉的源流与影响》、田淼的《中国数学的西化历程》从社会文化、数学发展史的角度研究欧洲数学对中国近现代数学发展的影响外，鲜有从中西数学文化交流的角度来全面研究利玛窦的专著。

16世纪末，欧洲数学作为"异质"文化率先登陆中国广东，拉开了中西数学交流的序幕并影响了中国数学的发展轨迹，成为世界数学文化传播的典型案例。著名数学家丘成桐感慨"400多年前，被誉为'沟通中西文化第一人'的利玛窦把现代数学引进了中国，而他就是在肇庆开始传播欧几里得《几何原本》等西方数学著作的。因此，从某种意义上说中国现代数学起源于肇庆"，我们认为这一观点是有一定的道理和根据的。利玛窦在广东居住期间，试图通过传播西方数学和其他科学文化来达到传教的目的，他介绍的西方数学对于中国传统数学来说拥有全新的概念和理论体系，他使中国人接受欧洲数学的过程对中国现代数学教育而言有重要的研究价值和借鉴价值，甚至高于其他科学。

1582年，利玛窦首次进入澳门；1583年，他被获准在广东肇庆居住及传教；1589年，他移居广东韶州直至1595年前往南京。粗略计算，利玛窦在广东省传教13年（包括在澳门的时间），占据了他在中

国生活的近一半的时间。正是在广东的13年间，他第一次将欧洲的科学和文化传入中国，同时他还将自己潜心研究的儒家学说等中华文明介绍到欧洲，被后人誉为"沟通中西文化第一人"。利玛窦是一位博学多才的数学文化传播者，是他最早把西方数学知识系统地介绍到了中国。著名的《几何原本》第一卷就是在广东韶州翻译和传播的。从此以后，中国传统数学开启了西化的历程，也使得广东成为研究中国近现代数学发展史上不可或缺的一页。

利玛窦在广东所创造的数学文化传播与交流的"利玛窦模式"，也为他在中国发展天主教传教事业奠定了重要基础；利玛窦在广东传播的欧洲数学与中国传统数学融合后，使明末清初的中国传统数学逐步走上了近现代数学萌芽与发展的道路，他影响了一批中国数学家的成长，促进了中国近现代数学教育的发展。可以说，广东是中国近现代数学发展史和数学教育史的一个重要的起源地。

走出广东之后，利玛窦先后在南昌、南京等地生活和传教，直至到达最终的目的地——北京。那么，利玛窦在北京传播了哪些欧洲数学，又如何通过与中国古代数学的融合将这些知识延续到了现在？利玛窦是如何发现传播西方数学文化是其"学术传教"的有力工具的？他传播的数学知识是否当时欧洲最前沿的？他翻译数学名著《几何原本》前六卷的过程为什么一波三折？明清以来中国近现代数学发展过程中的转折点在哪里？在发展中国的传统数学文化、数学教育，开展科学文化的传播与交流方面取得过成就的典型人物有哪些？取得了什么成就？这些都是我们要重点研究的内容。

总之，利玛窦开创的欧洲数学文化在中国传播与交流的历程，对中国近现代数学和数学教育的发展都产生了巨大的影响。而随着我国国际地位的不断提高，中西文化必将在更加广阔的领域交流；而对此方面的研究将不会仅停留在学术层面，而是会触及全人类的社会生活、思想观念、意识形态、科学技术等方方面面。

本书将从数学文化与数学史的角度叙述利玛窦这位数学使者在中国的传奇经历，以及中国近现代数学由他引发的巨大变革。

本书是广东省哲学社会科学"十一五"规划项目"利玛窦对中国近现代数学发展的贡献（08GI－03）"的研究成果，是在项目组主要成员曾峥、孙宇锋、李明山、刘翠平以及顾问余三乐等人的研究基础上修改补充而成，而该规划项目已于2013年经专家组评审结项。在该课题研究和书稿撰写的过程中，得到了广东省哲学社会科学"十一五"规划项目基金、韶关学院、佛山科学技术学院、韶关学院数学与统计学院、韶关学院韶文化研究院、肇庆学院利玛窦与中西文化交流中心、韶关市市委宣传部、韶关市民族宗教局、韶关市外事侨务局以及韶关市城市建设档案馆的大力支持，在此谨表示衷心的感谢！

本书所引用的例证，源自国内众多专家和学者的著述以及互联网中的资料和图片，在这里不一一列出，特此致谢！若有不当之处，敬请不吝赐教，以期斧正。

本书承蒙暨南大学出版社大力支持并出版发行，此致真诚的谢意！

曾峥 谨识
2015 年 10 月

目 录

第一章　中国数学发展轨迹

在世界历史上的古老文化的演变过程中，古埃及、古巴比伦文化早已落下帷幕，无影无踪；古希腊、古罗马文化也已失去了光彩，风光不再；古印度文化屡遭破坏和摧残，今非昔比；唯独中华文明一枝独秀，虽跌宕起伏，但延绵不绝且代有高峰，真是令人敬畏和赞叹不已。

中国是世界四大文明古国之一，有着 5 000 多年的悠久历史和灿烂文化。我们在讨论中西数学文化交流和汇通的时候，有必要对中国传统数学发展的脉络做一个简要的回顾。

一、早期源流，文明古国写春秋

当人们说起辉煌的中华文明时，联想到的多数是政治、经济、历史、艺术、文学、天文和地理等方面的成就。比如，甲骨文、钟鼎文等汉字的形成过程，早期农作物的种植、牲畜的养殖等，而很少有人会去关心中国古代数学的生存状况和实际应用价值。虽然我们一直在不知不觉中使用着数学，比如丈量土地、观测天象等等，也知道学习数学的重要性，但是大多数人却并不清楚数学也是一种文化现象，也是人类文明的重要组成部分。

数学从古至今一直是形成文化的主要力量和重要因素，数学文化的发展足迹是伴随着人类历史文化走过来的。而中国古代数学及其思想体系是一个"自生系统"（sui generis）[1]，由于与制定历法密切相关，因而对其研究起步较早，且多侧重于实际算法，其水平在当时亦

---

[1]　陈俊民：《"理学"、"天学"之间 ——论晚明士大夫与传教士"会通中西"之哲学深意（上）》，《中国哲学史》2004 年第 1 期，第 16～26 页。

居世界前列。

据记载，几百万年以前，中华大地上就有原始的人类生活。在传说中的女娲和伏羲时代以及大禹治水（约前 2000 年）的年代，我们的祖先就发明了最早的几何工具——"规"和"矩"。

"规"就是圆规，用来画圆；"矩"就是有刻度的直角尺，短尺叫勾、长尺叫股，用来测量物品的长度。"规"和"矩"的使用是我国古代数学应用的一大特长，只用它们便基本上将有关圆、线、角的问题都解决了。其中"矩"不仅能用于测量，有时还能代替"规"，堪称万能工具。现在的"规"和"矩"已经合成为一种文化专用名词，"规矩"一词也转义为"一定的法则或习惯"或形容"行为端正、合乎标准或常理"。

岭南文化书系

利玛窦：中西数学文化交流的使者

女娲和伏羲手执"规"和"矩"造像

有关"规"和"矩"的使用案例，在我国古代的历史典籍中多有论述。《史记》中记载大禹治水"左准绳、右规矩"，即大禹治理洪水时，必定望山川之形，用"规"和"矩"测量地势的高低；《孟子》中也记述有"离娄之明，公输子（鲁班）之巧，不以规矩，不能成方员"。可见此时"规"和"矩"已经被广泛使用了①。

公元前 12 世纪（商朝末年），我国出现了一本古老的著作《易经》（传周文王著）。这部讨论八卦的奇书，包含了二进制、排列组合的思想。其中的"在天成象，在地成形，变化见矣"一句，还有运动的观点，蕴含着辩证法的萌芽。在公元前 7 世纪，我国就出现了算筹

① 梁宗巨、王青建、孙宏安：《世界数学通史》（下），沈阳：辽宁教育出版社 2001 年版，第 34 页。

并且有了算筹记数法，其四则运算的速度领先于罗马记数法。至春秋战国时期，还创立了用于筹算乘法的九九口诀表，"运筹如飞"也证明了算筹记数法的优越性。

公元前4世纪（战国时期），春秋时期著名的政治家、军事家管仲（约前705—前645年）著《管子》一书。书中包含了众多的中国古代的数学思想和数学知识，比如乘法口诀、分数和比例、指数的思想等。

在这一时期，我国还出现了另一部著作《墨经》，这部书由战国著名思想家、政治家墨子（前468—前376年）所作，可与同时期的欧几里得的

管仲像

《几何原本》相媲美。虽然《墨经》中的几何学不如《几何原本》的内容丰富、完善，但有些理论的定义、立论还是比较确切和精辟的。

庄子像

墨子像

稍晚一些出现的著作《庄子》（作者庄子，约前369—前286年）更是包含了众多的数学思想，其中最著名的当属"极限"的论断："一尺之捶，日取其半，万世不竭。"这与阿基米德的"穷竭法"思想有异曲同工之处。

以上3部春秋战国时期的伟大的科学著作，已经注意到数学的社会功能，并在实践中加以应用。这些内容涉及天文、地理、军事、政治、经济、艺术等领域，都或多或少地反映了先秦时期我国数学的发

展水平。

二、高峰阶段，江山代有人才出

从公元前 3 世纪至公元 14 世纪，中国古代数学先后出现过 4 次发展高峰，即两汉时期、魏晋南北朝时期、隋唐时期和宋元时期。

1. 西汉、东汉数学

公元前 206 年，汉高祖刘邦推翻了秦朝的统治，于公元前 202 年建立了强大的西汉王朝。从西汉起，中国古代的科学体系、教育体系开始逐步形成，而古代数学体系的构建也在汉朝基本完成。

公元前 200—公元前 100 年间，西汉无名氏作《周髀算经》一书，分为上、下两卷，有关数学知识的论述分别记载于上卷之一、之二。这部著作的主要数学成就是勾股定理、测量术和分数运算，其他成就包括天文知识和历法。

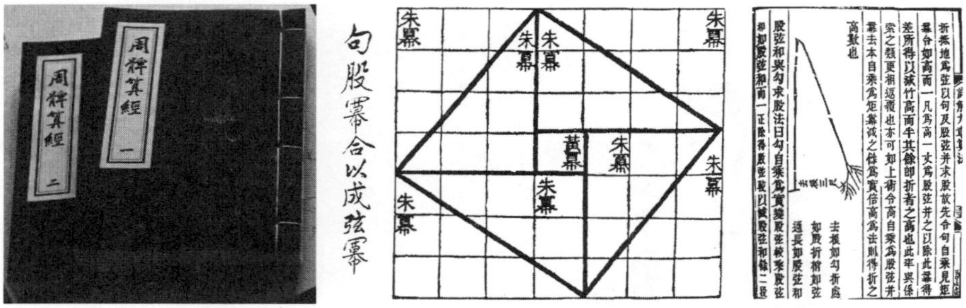

《周髀算经》中的勾股定理及其证明

三国时期，东吴人赵爽（220—280 年）注释了《周髀算经》，并首次完成了对勾股定理的理论证明。

公元前 100 年至公元 100 年，《九章算术》（原作者不详，且争议较大，一般认为是汉代张苍等辑撰）问世。这是我国古代最著名的数学典籍，从它出现至西方数学传入之前，《九章算术》一直是学习数学的首选教材，对中国古代数学的发展起到了巨大的推动作用。

《九章算术》记载了从先秦到东汉的数学成果，共提出 246 个数

（左侧竖排）岭南文化书系

利玛窦：中西数学文化交流的使者

学问题，并给出了相应的解法。全书分为九大类，分别是①：

（1）方田：主要是田亩面积的计算和分数的计算，包括三角形、梯形、圆、圆弧与环形等形状的面积的计算方法；

（2）粟米：主要是粮食交易的计算方法，其中涉及许多比例问题；

（3）衰分：主要内容为比例，包括算术级数和几何级数的算法；

（4）少广：主要讲开平方和开立方的方法；

（5）商功：主要是用工量等工程数学问题，以体积的计算为主；

（6）均输：税收计算方法，比如缴税的周期，按人口征税等；

（7）盈不足：实质上是已知两点，求通过两点的直线方程；

（8）方程：主要是联立一次方程组的解法和正负数的加减法，在世界数学史上是第一次出现；

（9）勾股：勾股定理的应用，主要讲直角三角形三边互求的问题。

《九章算术》在解联立方程组、分数四则运算、正负数运算、几何图形的面积和体积计算等方面都提出了当时世界上先进的方法，但是原书只有解法而缺乏证明过程，并且在传抄的过程中，不可避免地出现了许多错误。

东汉末年，刘徽为《九章算术》做了注释，给出了解题的步骤和推导过程以及一些算法的证明，并纠正了原书中的一些错误。同时，刘徽在做注释的过程中，还做了很多创造性的工作，提出了不少超出原著的新理论。

至此，《九章算术》才得以享誉中外，成为一部较完美的中国古代数学教科书。《九章算术》的成书标志着世界数学研究中心从古希腊等地中海沿岸地区转到了中国，开创了以算法为中心的中国古代数学占据世界数学舞台主导地位的局面②，这种局面持续了两千年。

---

① （汉）张苍等辑撰，曾海龙译解：《九章算术》，南京：江苏人民出版社 2011 年版，第 2 页。

② 吴文俊主编：《世界著名数学家传记》（上），北京：科学出版社 1995 年版，第 190 页。

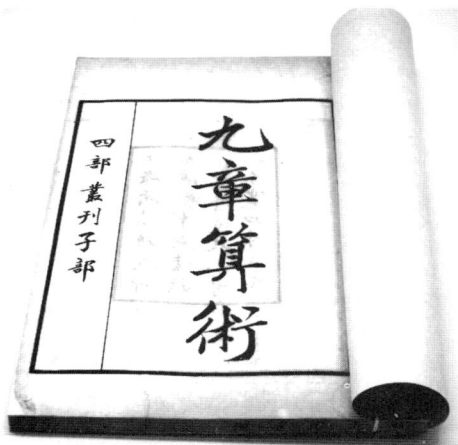

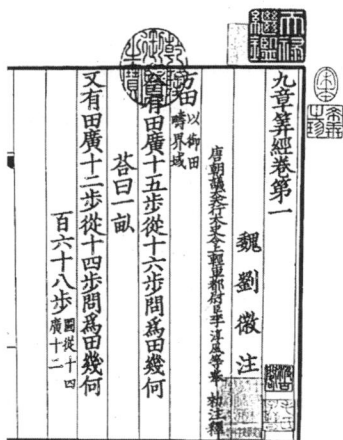

《九章算术》及其注释

2. 魏晋南北朝数学

刘徽像

公元 220 年，东汉灭亡，随之出现了三国鼎立的局面。后来，经过晋朝、宋、齐、梁、陈、北魏、北齐、北周等朝代，至公元 589 年隋朝建立，史称这段时期为魏晋南北朝时期。在此期间，中国古代数学的理论论证体系取得了较大的发展，最杰出的代表就是数学家刘徽和祖冲之。

（1）刘徽是三国时期的魏国人（今山东省滨州市邹平县），生卒年不详，于公元 263 年著《九章算术注》一书，奠定了他在中国数学史上的不朽地位①。

刘徽的数学成果很多，"出入相补原理"、"割圆术"、"刘徽原理"（体积理论）、"海岛算经"都出自他之手。他在《九章算术注》中首次引入了逻辑环节，给出了数学概念的定义、公式和算法的证明，由此奠定了中国古代数学的理论基础。

他的主要著作有：《九章算术注》10 卷、《海岛算经》1 卷（原名

---

① 《隋书·律历志》记载："魏陈留王景元四年（263 年），刘徽注《九章》。"

为《重差》，是刘徽《九章算术注》中的第 10 卷。自南北朝后期以《海岛算经》为名单独发行，唐朝初期李淳风将《海岛算经》《九章算术》列到《算经十书》之中，作为古代国子监算学学习和考试用书之一)、《九章重差图》1 卷、《鲁史欹器图》1 卷等。其中《海岛算经》是一部运用几何和三角知识测量"可望而不可及目标"的数学著作。

刘徽是中国历史上最早明确主张用逻辑推理的方式来论证数学命题的人，他善于从实践中提炼出一般的数学原理，并解决了许多重大的理论性问题。他为我国古代数学在世界上取得了多个领先成果，如：最早提出了分数除法法则；最早给出最小公倍数的严格定义；最早应用小数；最早提出非平方数开方的近似值公式；最早提出负数的定义及加法法则；最早把比例和三数法则结合起来；最早提出一次方程的定义及其完整解法；最早创造出割圆术，计算出圆周率即"徽率"；最早用无穷分割法证明了圆锥的体积公式；最早创造"重差术"，解决了"可望而不可及目标"的测量问题。这 10 个方面，堪称 10 项"世界冠军"。

因此，刘徽的工作对中国古代数学的发展产生了深远影响。他做出的重要贡献，使得他在世界数学史上享有崇高的地位，当代数学史学家李迪也认为："刘徽是中国历史上最伟大的数学家。"

（2）祖冲之（429—500 年），字文远，祖籍范阳郡遒县（今河北省涞源县），生长于建康（今江苏省南京市），是南北朝宋齐时期的著名数学家、天文学家。祖冲之一生致力于数学、天文历法和机械制造 3 个研究领域，"球的体积"的推导和"圆周率"的计算是他引以为荣的两大数学成就。他写的《缀术》一书，被收录到著名的《算经十书》中作为唐代国子监的算学课本，可惜后来失传了。

《隋书·律历志》（唐李淳风撰）留下一小段关于圆周率"π"的记载。祖冲之算出的 π 的真值在 3.141 592 6 和 3.141 592 7 之间，相当于精确到了

祖冲之像

小数点后第 7 位，简化成 3. 141 592 6，成为当时世界上最先进的成就。祖冲之还给出 π 的两个分数形式：22/7（约率）和 355/113（密率），其中密率精确到了小数点后第 7 位，而在西方直到 16 世纪才由荷兰数学家奥托发现。祖冲之还和他的儿子祖暅一起利用"牟合方盖"解决了球的体积的计算问题，得到了正确的球的体积公式。

此外，祖冲之还发现了祖氏原理"幂势既同，则积不容异"，这就是西方文献中的"卡瓦列里原理"（1635 年由意大利数学家卡瓦列里独立提出），对微积分的建立影响深远[1]。

在魏晋南北朝时期，还有几部数学经典著作问世并流传至今，包括《孙子算经》《五曹算经》《夏侯阳算经》《五经算术》《张邱建算经》《数术记遗》等[2]。

3. 隋唐数学

公元 589 年，隋朝结束了魏晋南北朝 300 多年的分裂和战乱状况，在中国重新建立起了大一统的封建专制国家。然而，公元 618 年，隋朝又被唐朝所取代。在经历了"贞观之治""开元盛世"之后，大唐成为当时世界上十分强盛和先进的国家。

在数学发展史上，隋唐期间并没有产生能够与魏晋南北朝和其后的宋元时期媲美的数学大师，但是在这段时间建立的数学教育制度和开展的数学典籍的整理工作却为宋元数学高峰的到来奠定了基础。

从隋唐开始，数学越来越多地被应用到了社会生活的方方面面。比如，负责编写历法的机构太史局（司天台）就需要大量有一定数学知识的官员，在必要的岗位上，还需要特别精通数学的官员。因此，隋唐时期创办了开展数学专门教育的机构并且形成了定制，也为宋元明清各朝代所遵守。

公元 7 世纪初，隋朝首先设立"国子监"作为主管教育的独立机构，之后又开设书学、算学和律学，将当时处于萌芽状态的"专科学校"列入"国立大学"之中，这使得"国子监"既是全国最高的教育行政机构，同时又是最高的学术研究机构和最高学府。其中设置算学"博士"（教师）2 人，"助教"2 人，学生 80 人，同时还制定了若干

教学管理措施。

唐朝不仅继承了隋朝的数学教育制度，还在科举考试中开设了数学科目，即"明算科"。明文规定考试合格者也可以做官，不过官阶最低。公元656年，唐高宗下旨命李淳风（602—670年）等人对以前的10部数学著作进行整理和注疏，作为"国子监"的标准数学教科书，史称《算经十书》①。

李淳风在选定数学课本时，认为《周髀算经》（无名氏著）是最宝贵的数学遗产，而将它作为《算经十书》的第一本书；第二部便是《九章算术》（无名氏著）；其他8部分别是《海岛算经》（3世纪刘徽著）、《孙子算经》（约4—5世纪，作者不详）、《夏侯阳算经》（5世纪夏侯阳著）、《张邱建算经》（5世纪张邱建著）、《缀术》（5世纪祖冲之著）、《五曹算经》、《五经算术》（6世纪甄鸾著）、《缉古算经》（7世纪王孝通著）。后来《缀术》失传，只好用《数术记遗》（2世纪徐岳著、6世纪甄鸾注）来代替。

据《旧唐书·李淳风传》记载，李淳风生于隋仁寿二年（602年），岐州雍（今陕西省凤翔县）人氏。他从小被誉为"神童"，博览群书，尤擅长天文、地理、道学和阴阳之学。李淳风9岁时远赴河南南坨山静云观拜至元道长为师，17岁成为李世民的谋士并参与反隋兴唐大起义。公元618年，李渊称帝，封李世民为秦王，李淳风成为秦王府记室参军。唐贞观元年（627年），李淳风以将仕郎的身份直入太史局，执掌天文、地理、制历、修史之职40年。

李淳风主持编辑的《算经十书》作为标准的数学教科书，对唐朝的数学发展产生了巨大的影响，也为宋元时期数学的高度发达创造了条件。特别是唐朝的《韩延算术》、宋朝贾宪的《黄帝九章算法细草》、杨辉的《详解九章算法》、秦九韶的《数书九章》等都引用了《算经十书》中的问题，并在10部算经的基础上发展了新的数学理论

刘焯像

① 李文林：《数学史概论》（第3版），北京：高等教育出版社2011年版，第89页。

和方法。后人对李淳风编定和注释的《算经十书》给予了很高的评价。英国的著名学者李约瑟博士就说过："他大概是整个中国历史上最伟大的数学著作注释家。"

隋唐数学在历法编算应用中，也取得了一些数学成就。公元6世纪末，刘焯（544—610年）编订了《皇极历》，在历法中首次进行太阳视差运动的日行不均匀性计算，创立了用三次差内插法来计算日月视差运动速度的交食计算，推算出五星运行位置和日食、月食的起运时刻，提出了等间距二次插值公式。这是中国历法史上的重大突破，这种"插值方法"在当时也是一项重大的数学成就，且与牛顿的二次插值公式完全一致①。

唐玄宗开元十五年（727年），唐代杰出的天文学家僧一行（683—727年，俗名张遂）编成《大衍历》，把刘焯的"插值公式"推广成了更具优越性的自变量不等间距的内插法，并且在其中提出了含有三次差的近似内插公式。

僧一行像

《大衍历》完成的同一年，僧一行不幸去世，年仅44岁。唐开元十七年（729年），《大衍历》颁布实行，并一直沿用达800年之久。《大衍历》作为当时世界上较为先进的历法，还相继传入日本、印度，极大地影响了这两个国家的历法编制。

4. 宋元数学

公元907年唐朝灭亡，在经历了短暂的"五代十国"动乱之后，公元960年，中国又进入了一个大一统的王朝时代——宋王朝。在数学史上，宋王朝和后来的元王朝成为中国古代数学的鼎盛时期，产生了众多的数学成就和数学大师。

在宋元时代（960—1368年），手工业如冶炼、纺织、陶瓷等都已

---

① 梁宗巨、王青建、孙宏安：《世界数学通史》（下），沈阳：辽宁教育出版社2001年版，第306页。

初具规模，土木工程和水利工程也达到了较高的水平，商业和外贸比较兴旺，科学技术也很发达。古代四大发明中的两项——指南针和活字印刷术诞生于这一时期，生产和经济的发展对数学提出了新的课题和更高的要求。

从11世纪开始，古典的和新著的数学书的印刷本在全国各地流通，促进了数学教育的普及和数学研究的发展。印刷术有助于中国古代传统数学在宋元时代达到高峰，取得一系列世界一流的成果。这一时期，数学领域人才辈出，其中最著名的就是"宋元四大家"，即杨辉、秦九韶、李冶、朱世杰。

（1）1050年，北宋人贾宪撰《黄帝九章算法细草》，但遗憾的是原书已失传。南宋数学家杨辉在其著作《详解九章算法》（1261年）中讲到"贾宪三角"（"开方作法本源图"，现称"杨辉三角"），比"帕斯卡三角"早了400多年。在这张"开方作法本源图"中，贾宪将左右斜线上的数字"一"分别称为"积数"和"隅算"，将这两行斜线数字中藏的数字称为"廉"，开几次方，就用相应行的廉。比如，第三行"二"是开平方的廉；第四行"三、三"是开三次方的廉；第五行"四、六、四"是开四次方的廉等等，这里的"积""隅""廉"都是中国古代开方术语。利用"贾宪三角"，贾宪、杨辉开创了适用于任何高次幂的"增乘开方法"。

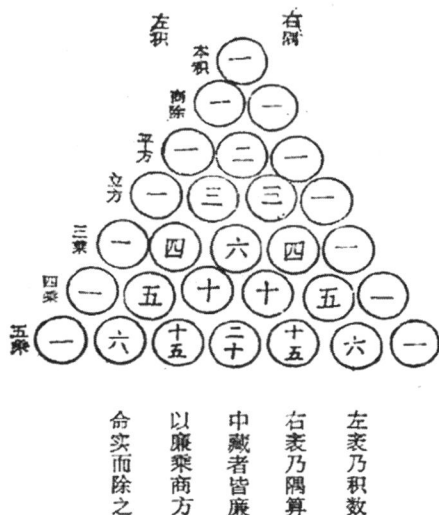

开方作法本源图

到了13世纪中期，数学家们又用这个方法来求任何数字高次方程的正根，很多有实际意义的应用问题就得到了解答，"增乘开方法"也成为目前世界上有明确记载的最早的高次开方法。

（2）1247年，南宋数学家秦九韶（1202—1261年）总结了自己长期研究所积累的数学知识和创造性的成果，写出了我国古代的传世名著《数书九章》。

秦九韶，字道古，普州安岳县（今隶属四川省资阳市）人。其父秦季栖，进士出身，官至上部郎中、秘书少监。秦九韶聪敏勤学，从小就跟随父亲居住在杭州的府衙内，因而有机会向太史学习天文、历法，期间又热衷于向"隐君子"学习数学。宋绍定四年（1231年），秦九韶考中进士，先后在湖北、安徽、江苏、浙江等地做官。公元1261年，秦九韶被贬至梅州，不久死于任内。

秦九韶像

《数书九章》共18卷约20万字，搜集了与当时社会生活密切相关的81个数学实际应用问题，按性质分为9类，每类9题。这9类是：大衍、天时、田域、测望、赋役、钱谷、营建、军旅和市易。其最重要的成就，除了"正负开方术"外，还有"大衍总数术"，即"中国剩余定理"，它代表了当时中国乃至中世纪世界数学的最高成就。美国哈佛大学科学史家萨顿（Sarton）曾对其做出极高的评价："秦九韶是他那个民族、他那个时代，并且确实也是所有时代最伟大的数学家之一。"①

（3）李冶（1192—1279年）生活于元代初期，字仁卿，自号敬斋，祖籍真定府栾城县（今隶属河北省石家庄市）。李冶出生于大兴（今北京市大兴区），自幼聪敏，喜爱读书，曾在元氏县（今河北省元氏县）求学，对数学和文学都很感兴趣。《元朝名臣事略》中说："公（指李冶）幼读书，手不释卷，性颖悟，有成人之风。"

1230年，李冶在洛阳考中词赋科进士，任钧州（今河南省禹县）知事，两年之后，他定居于崞山（今山西省崞县）之桐川。此时，李冶已不再为官，而是将全部精力投入于他的科学研究工作之中，包括数学、文学、历史、天文、哲学、医学。其中最有价值的工作是最先系统地对天元术（用专门的记号来表示未知数）进行了全面总结和阐述，并于1248年写成数学史上的不朽名著《测圆海镜》。

---

① 梁宗巨、王青建、孙宏安：《世界数学通史》（下），沈阳：辽宁教育出版社2001年版，第344页。

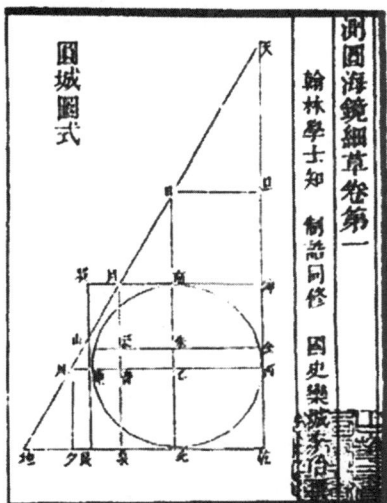

李冶是代数符号化的先驱，其代表作《测圆海镜》是我国现存最早的一部天元术著作，并且在体例上也有创新。全书基本上是一个演绎体系，卷一包含了解题所需要的定义、定理、公式；后面各卷所述问题的解法均可在此基础上以天元术为工具推导出来，其研究对象是离生活较远而自成系统的"圆城图式"。

李冶的另一部著作《益古演段》则把天元术用于解决实际问题，全书有64题主要处理平面图形的面积问题，所求多为圆径、方边、周长之类。除4道题是一次方程外，其余全是二次方程的问题，内容安排基本上是从易到难。书中常用人们易懂的几何方法对天元术进行验证，对人们接受天元术大有裨益。

《测圆海镜》

《益古演段》的价值不仅在于普及了天元术，其在理论上也有创新。李冶善于用传统的出入相补原理及各种等量关系来减少题目中的未知数的个数，化多元问题为一元问题；并且李冶在解方程时采用了设辅助未知数的新方法，以简化运算。

（4）朱世杰（1249—1314年），字汉卿，号松庭，燕山（今北京市）人氏，元代数学家、教育家。他长期从事数学研究和数学教育事业，"以数学名家周游湖海二十余年""踵门而学者云集"。朱世杰在当时李冶"天元术"的基础上发展出"四元术"（也就是列出四元高次多项式方程以及消元求解的方法），此外他还创造出"垛积法"（即高阶等差数列的求和方法）与"招差术"（即高次内插法）。

朱世杰的数学代表作有《算学启蒙》（1299年在扬州刊刻）和《四元玉鉴》（1303年书成付梓）各3卷。

《算学启蒙》共3卷，分为20门，收录了259个数学问题，由浅入深、循序渐进；从一位数的乘法开始，内容包括了各类乘除法歌诀、各类面积和体积以及算术问题；从分数运算、垛积法、盈不足术，一直讲到"天元术"，堪称一部通俗的数学名著。该书曾流传海外，促

进了朝鲜、日本数学的发展。

《四元玉鉴》是朱世杰阐述自己研究成果的著作，共 3 卷，24 门，288 个问题①，大部分都与方程或方程组的求解相关，其中关于四元方程组的问题有 7 个，三元的有 13 个，二元的有 36 个。书中给出了多元高次方程组的消元方法，以及用正负开方术求解的方法。该书是中国宋元数学达到高峰的又一个标志，其中最杰出的数学创作有"四元术""垛积法""招差术"与高次招差法公式，比西方早了 400 年。

朱世杰对多元高次方程组解法、高阶等差级数求和、高次内插法进行了深入研究，在《四元玉鉴》中他讨论了多达四元的高次联立方程组解法、多项式的表达和运算以及消去法。这种方法已接近现代的代数学方法，在当时处于世界领先地位。

总之，在 13 世纪初，古希腊数学曾随阿拉伯的算学传入我国，其中的某些算法就出现在秦九韶的《数书九章》（1247 年）中。元朝初期（1271 年），我国已有了古希腊数学的阿拉伯文译本。但自元朝末期（1360 年）开始，连年战争导致政权更迭频繁，使得中西方的文化交流被搁置下来。与此同时，中国古代传统数学的发展也骤然放缓甚至停滞，到明朝末年（17 世纪上半叶）其整体水平已经大大落后于西方国家。

三、明末清初，古今数学分界限

在经历了宋、元两朝这个数学极速发展的时期后，中国古代数学的发展脉络开始出现断裂。公元 1368 年，明太祖朱元璋在南京称帝，建立了明朝。自明代开始，欧洲逐渐步入资本主义社会，近代科学受生产力发展的刺激而持续发展起来，而中国科学的发展却因为政治、经济、社会环境等因素而逐渐停滞了。

在这一时期，中国较为知名的传统数学著作主要有：1450 年，吴敬撰写的《九章算法比类大全》；1524 年，王文素著成的 42 卷《新集通证古今算学宝鉴》；1533 年，顾应祥所著《勾股算术》；1592 年程大位撰成的 17 卷《直指算法统宗》（简称《算法统宗》），里面记载了使用珠算进行开平方和开立方的方法。至 1644 年，清朝取代明朝成为中国历史上最后一个封建王朝，也使得中国古代数学的发展经历了从

---

① 吴文俊主编：《世界著名数学家传记》（上），北京：科学出版社 1995 年版，第 354 页。

传统数学的衰落到西方数学传入的特殊时期。

（1）吴敬（生活于15世纪，生卒年不详），字信民，号主一翁，浙江仁和（今浙江省杭州市）人。他曾任浙江布政使司的幕僚，掌管全省田赋和税收的会计工作，且以善算而闻名；街坊百姓"皆礼遇而信托之"，请他解决生活中的各种数学问题。明朝统治者曾下令严禁民间私自研习天文、历算等科目，因此，像《九章算术》之类的数学典籍，在明朝期间几乎失传。吴敬曾"历访《九章》全书，久未得见"，经过十余年努力，终于在景泰元年（1450年）撰写出了《九章算法比类大全》10卷，这代表了明朝初期数学发展的最高水平，对程大位撰写《算法统宗》以及明中叶以后的数学产生了重大影响，对中国古算术的普及和应用于生产、生活实践方面做出了重要贡献。

吴敬像

（2）王文素（1465—1535年），字尚彬，山西汾州（今山西省汾阳市）人，出生于中小商人家庭。王文素自幼颖悟，受所处社会及家庭影响，涉猎诸子百家之典籍，尤长于算法。明嘉靖三年（1524年），王文素完成了《新集通证古今算学宝鉴》（简称《算学宝鉴》），这一数学巨著全书分12本42卷，近50万字；此外，王文素还著有算学诗文集12卷（共3册）。

《算学宝鉴》是一部应用数学书籍，书中的例题均取材于现实生活，加、减、乘、除、开方等由简单到复杂的运算均是用珠算完成的，被称为"中国第一部珠算书"。该书著成后，一直缺乏资金出版，400年间也未见各收藏家及公私书目著录。20世纪30年代（民国年间），北平图书馆于旧书肆中购得其蓝格钞本6册（仅有的一个传世钞本）[①]，现存于北京国家图书馆。正是由于这一偶然发现，今人才得知其是明代数学的代表作之一。

（3）程大位的《算法统宗》也是一部十分重要的著作，代表着当时我国数学的最高水平，并且它流传长久、广泛和深入。清康熙五十

---

① 李迪：《中国数学通史·明清卷》，南京：江苏教育出版社2004年版，第29页。

五年（1716 年），程家的后代子孙在《算法统宗》新刻本的序言中写道：自《算法统宗》一书于明万历壬辰（1592年）问世以后，"风行宇内，近今盖已百有数十余年。海内握算持筹之士，莫不家藏一编，若业制举者（考科举的人）之于四子书、五经义，翕然奉以为宗"，这并不是故作吹嘘之辞①。

程大位（1533—1606 年）是中国明代数学家、珠算家，字汝思，号宾渠，安徽省休宁县（今隶属安徽省黄山市）人。程大位自幼喜欢数学，少年时随父亲外出经商，遨游吴楚，遍访名师，遇有"耆通数学者，辄造请问难，孜孜不倦"。他在商务往来中，感到传统筹码计数法不便使用，决心编撰一部简明实用的数学书以助世人。

程大位像

程大位 40 岁时，倦于外游，便"归而覃思于率水之上，余二十年"，认真钻研数学古籍，绎其文义，审其成法，撷取各家之长，加上自己的心得体会，终于在明万历二十年（1592 年）完成其杰作《算法统宗》17 卷。六年之后（1598 年），又对该书删繁就简，写成《算法纂要》4 卷，成为后世民间学习数学的范本。

《算法统宗》和《算法纂要》记载了古代流传的 595 道数学难题和解决方法，确立了珠算规则和算盘用法，完善了珠算口诀，堪称我国古代最完善的珠算经典之作，是中国珠算的里程碑。1600 年左右，日本人毛利重能将其译成日文；清朝初期，该书又传入朝鲜、东南亚和欧洲，成为东方古代数学的名著。李俨曾评价道："在中国古代数学发展过程中，《算法统宗》是一部十分重要的著作。从流传的长久以及广泛和深入来讲，那时是任何其他数学著作不能相比的。"

《算法统宗》的编成及其广泛流传，标志着由筹算到珠算这一转变的完成，程大位本人也因此被誉为"珠算一代宗师"。从那时起，算盘就成了中国主要的计算工具，古代的筹算逐渐被人遗忘以至于失

---

① 杜石然：《数学·历史·社会》，沈阳：辽宁教育出版社 2003 年版，第 180 页。

传了；再到后来，一般人只知有珠算而不知有筹算①。这种情况一直持续到18世纪中叶，清朝学者们对古代数学进行深入研究后，才开始了解古代筹算演变为珠算的经过。

明朝以前，中国的传统数学在当时世界上还是比较先进的，然而到了明朝乃至清朝时期，却出现了发展后劲不足的问题。

首先，在远古时期，天文学和农业生产上的简单需求是数学发展最重要的源泉；而到了近代，力学则成为数学发展最直接的动力。然而在中国的近代时期，由于资本主义没有能够成长、壮大，因而没有形成大机器生产的环境和局面；此外中国的力学科学是零散的、处于经验探究阶段的，没有形成理论体系，始终在低水平上徘徊，没有大的突破。因此，中国也没有能够实现由农业社会走向工业社会的愿景。

其次，我国自古以来是一个农业大国，近代的农业社会已经无法给数学的发展提供强大的动力，而作为中国古代传统数学主要动力源的天文学，也因为农业与畜牧业时期所具备的天文知识足以使种植业与养殖业发展起来，达到了自给自足的状态而基本枯竭了，这在很大程度上也阻碍了中国古代传统数学的发展。

对于这种落后局面的形成原因，徐光启曾有十分精辟的分析。他在"刻《同文算指》序"中写道：

> 算术之学特废于近代数百年间耳，废之缘有二。其一为名理之儒士苴天下实事；其一为妖妄之术谬言数有神理，能知往藏来，靡所不效。卒于神者无一效，而实者亡一存，往昔圣人研以制世利用之大法，曾不能得之士大夫间，而术业政事，尽逊于古初远矣。

中国封建社会制度本身的弊病，造成了元末明初生产力极端落后的局面。明中叶以后，中国虽然出现了资本主义萌芽，但这株嫩芽在坚实的封建势力的摧残下不堪一击。封建统治者为了维护其受到多方面冲击的政权，一方面采取残酷的高压政策，另一方面捧出程朱理学和陆王心学作为麻醉人民思想的武器，以致当时许多儒生都是"不习六艺之文，不考百王之典，不综当代之务"。他们或者鄙视数学研究，

① 杜石然：《数学·历史·社会》，沈阳：辽宁教育出版社2003年版，第180页。

或者认为数学是神秘莫测的东西。这不仅不能启迪人民的思想，反而使国人越来越愚昧无知①。

然而欧洲的情形则恰恰相反，随着资本主义制度的建立，劳动力得到充分解放，生产力空前发展，包括数学在内的整个近代自然科学也随之发展起来。所以说社会生产力的水平，决定着数学的发展水平。

四、近代数学，中西融合举步艰

14 世纪前后，欧洲受到了文艺复兴运动的冲击，这是一次从艺术领域扩展到科学领域的、思想空前解放的运动。从 15 世纪至 16 世纪，欧洲数学进入了复苏阶段。

1482 年，拉丁文的《几何原本》首次被印刷出版；1545 年，意大利学者卡尔达诺出版了《大术》一书，给出了三次和四次代数方程的一般解法，并用几何方法证明了其解法的正确性；1572 年，意大利的邦贝利在他出版的《代数学》中引入了虚数，完全解决了三次代数方程的不可约问题，还改进了当时流行的代数符号（1580 年），使得代数方程的求解成为 16 世纪欧洲数学的主流。

以罗马学院（Collegio Romano）的数学教授克拉维乌斯（C. Clavius，1537—1612 年，利玛窦的恩师，被称为"丁先生"）为代表的欧洲数学家们极力推崇古希腊的数学哲学思想和逻辑演绎方法，他们力图扭转神学家们秉持的"数学仅是一个外围学科，它远不如哲学或神学重要"的观点。

克拉维乌斯像

他们翻译和讲授古希腊的数学和哲学著作，极大地提高了数学在欧洲大学中的地位，并培养了大批数学和天文学的人才。数学在欧洲的重要地位也得到进一步确立，伽利略干脆认为"宇宙这本书是用数学的语言写成的"。

---

① 梅荣照：《明代以后中国传统数学落后的原因》，《中国科技史料》1981 年第 4 期，第 13 ~ 18 页。

1574 年，克拉维乌斯在罗马出版了欧几里得《几何原本》（15卷），它对中国的近代数学产生了巨大影响。绘画和制图刺激了透视学的兴起，从而诞生了射影几何学。而制图学的产生，使欧洲在 1569年绘制了首张世界地图。此时的三角学也已经由球面三角学转向平面三角学，使三角学成了纯粹数学的一个独立分支。

而此时的中国古代传统数学经历了从西汉到宋元时期许多个世纪的高潮之后，至 14 世纪中叶便停滞不前，在明朝建立后的 200 年间，数学非但没有充分发展，连古代的数学成就都难以为继或几近失传。除了吴敬、王文素、顾应祥和程大位等人以及他们留下的著作之外，再也未能出现类似于《九章算术》和《四元玉鉴》的数学杰作与著名的数学大师。

明末清初，西方数学传入中国。在欧洲数学的冲击和影响下，中国的传统数学仍然步履蹒跚、顽强地出现过一段复兴高峰。以焦循（1763—1820 年）、汪莱（1768—1813 年）、李锐（1768—1817 年）和阮元（1764—1849 年）为代表的乾嘉学派，在倡导"兴复古学、昌明中法"的宗旨下，对我国 2 000 多年以来的古代数学文献典籍，进行了大规模的挖掘、整理和总结，使我国丰富的数学文化遗产得以保存，奠定了数学继续发展的基础并为后人整理、阅读和利用提供了方便。

通过他们的辑佚、校勘与考证等工作，失传 500 年之久的古算术典籍《算经十书》，才得以重见天日。与此同时，乾嘉学派中的许多人也尝试对西方数学进行融会贯通。比如董佑诚（1791—1823 年）的算学著作《割圜连比例图解》（1819 年）、《堆垛求积术》、《椭圆求周术》和《斜弧三边求角补术》都留下了西方数学的痕迹。

至 19 世纪 60 年代的第二次鸦片战争，西方数学文化再次进入中国，使我国传统数学的步伐终于与世界数学合拍，赶上了世界近代数学的末班车。

因此，1582 年意大利传教士利玛窦来到澳门，将西方数学文化和科学技术传入中国并不是一个偶然的事件，它已经成为中国数学历史发展的必然因素。

第二章　利玛窦携数学东来

中国传统数学到 16 世纪中叶（明王朝后期）时，由于西方天主教耶稣会传教士的意外协助而加快了近代化的步伐。

著名数学家丘成桐先生一语惊人，提出了"中国现代数学起源于肇庆"的重要命题，我们认为这一观点是有一定的道理和根据的。这要归功于一位耶稣会传教士，他为了能在中国顺利传教而向中国人输入了许多西方数学知识，而这些内容对中国传统数学来说具有全新的概念和理论体系，他就是"数学文化传播使者"——利玛窦。

利玛窦原名 Matteo Ricci，中文直译为马太奥·利奇。"利玛窦"是他自己起的中国化的名字，他还给自己起了几个中国化的号"西泰""清泰""西江"等。利玛窦是意大利马切拉塔人，天主教耶稣会意大利籍神父、传教士。他到中国传教后，一直没有回国，死后被安葬于北京。

马切拉塔城的古地图与现代风光

16 世纪的马切拉塔是意大利中部马尔凯大区马切拉塔省的省会，

这座美丽的城市属于典型的丘陵地貌，位于波坦察河与基恩蒂河之间的平行河谷的山巅，海拔 315 米。它东临亚得里亚海，北邻著名的水城威尼斯，西北面是历史文化名城佛罗伦萨。由于受亚得里亚海和亚平宁山脉的影响，马切拉塔冬季多雨，气候属地中海式大陆气候。1552 年 10 月 6 日，利玛窦出生于此地。

利玛窦的家族有着数百年的贵族血统，是意大利马切拉塔城的第三望族，其族徽由红、蓝色背景及一只刺猬（ricci）构成。

利奇家族的许多成员都曾在市政府担任公职，有些人甚至在罗马教廷担任要职。利玛窦的父亲乔万尼·巴蒂斯塔·利奇是一位药剂师，也是一位成功的商人，并且热衷于地方行政事务，而母亲乔万娜·安乔莱利则是个虔诚的天主教徒和家庭主妇。

利奇家族族徽

在利玛窦 3 岁时，他的父亲乔万尼·巴蒂斯塔·利奇担任市政府执行官（教皇国市长）；4 年之后，他放弃了执行官职位，承包管理了一家市立银行，并且在市中心广场附近经营着一家药铺，以便赚钱养活人口众多的大家庭。各项生意还不错，但全家的生活并不富裕①。

利玛窦是家中的长子，他有 4 个妹妹和 8 个弟弟。其中一个弟弟安东尼奥·玛利亚（Antonio Maria）后来成为马切拉塔教堂的神父，另一个弟弟奥拉奇奥（Orazio）后来在市政府身居要职。

利玛窦故居

利玛窦出生后由奶奶照顾，与奶奶在一起的时间比跟母亲在一起的时间还要多；5 岁那年，父母就将他交托到圣主堂的幼儿院，让他跟着启蒙老师尼古拉·塞伦盖利神父学习直到 7 岁。利玛窦的父亲希望他将来子承父业，因此，他从小就在父亲的药铺帮忙打杂，顺便也学习了许多医药学方面的知识。

---

① ［意］菲利浦·米尼尼：《利玛窦——凤凰阁》，郑州：大象出版社 2012 年版，第 2 页。

一、立志传教，小利奇勤学好问

中世纪时期，天主教在西欧各国封建社会中占统治地位，16 世纪宗教改革运动后，天主教在欧洲部分国家中渐渐丧失了主导权力。为了对抗宗教改革运动，维护自身的权威，天主教罗马教廷采取了一系列的反制措施，史称"反宗教改革"。

依纳爵·罗耀拉

1534 年 8 月 15 日，西班牙贵族依纳爵·罗耀拉（Ignacio de Loyola，1491 —1556 年）和方济各·沙勿略、西蒙·罗德里格斯、彼得·法贝尔、迭戈·莱内斯、阿尔方斯·萨尔梅隆、尼古拉斯·博瓦迪利亚等人为应对基督新教的宗教改革运动，在法国巴黎成立"耶稣会"。1540 年，"耶稣会"获得罗马教宗保罗三世的批准，成为天主教宗教改革中的"保守派别"。

1551 年，耶稣会的创始人依纳爵·罗耀拉指示教会在意大利马切拉塔市开办了一所耶稣会寄宿学校，同年 5 月 18 日举行了隆重的开学典礼①。1561 年，9 岁的利玛窦成为该学校的学生，并且系统地学习了读、写以及基础拉丁文等课程②。

1562 年，利玛窦的家庭启蒙教师尼古拉·塞伦盖利（耶稣会士）回此校任教授，这令利玛窦欣喜万分，他们的师生情谊在多年之后仍然令利玛窦念念不忘。在学校里，利玛窦从小就显露出过人的聪明才智，在学业上更是首屈一指，并且在许多方面都显示出投身宗教的意愿。此时，他可能知道了马可·波罗的游记、契丹及有关中国的故事。

1566 年，马切拉塔市政府为学校聘请了专门的修辞学教授，而让辛勤工作的神父们离开了教学岗位。而 14 岁的利玛窦可能不喜欢听市政府派来的世俗教授讲课，他便中止了在该学校人文学科的学习，之后回到家里接受了两年的家庭教育。

---

① ［意］菲利浦·米尼尼：《利玛窦——凤凰阁》，郑州：大象出版社 2012 年版，第 8 页。

② 安国风：《欧几里得在中国：汉译〈几何原本〉的源流与影响》，南京：江苏人民出版社 2009 年版，第 18 页。

1. 到罗马大学读书

1568 年 10 月，16 岁的利玛窦被父亲安排到罗马大学（今天的罗马第一大学）进行完全课程学科的学习。那年的秋天，他依依不舍地告别了父母、奶奶和弟弟妹妹们，独自一人带着简单的小行李箱，坐上马车，踏上了前往罗马的旅程。他回首望了望逐渐远去的烙上童年记忆的马切拉塔，眼睛不禁湿润起来。他可能不会想到，他的这次求学旅程竟然是和父母、家乡的永别[①]。

罗马大学（La Sapienza，又称罗马智慧大学）由教宗伯尼法七世创办，位于梵蒂冈城外，拥有一定的学术独立性。1303 年，按照教宗伯尼法七世颁布的一个敕令，罗马教会实现了历经一个世纪的建立神学院的梦想；新的大学被称为 "Studium Urbis"，并向公众开放，由于每年吸引着世界各地的学者前来任教，因而颇具盛名。

1431 年，罗马大学在教宗恩杰纽四世的支持下进行重建，除神学外，开始设立希腊文学课程，适时地推动了人文主义思想的传播，也使被称为 "Sapienza"（智慧）的大学有了声望。16 世纪初，罗马大学广纳世界名流，成为欧洲最先进的科学中心之一，特别是在法学、医学、解剖学、历史学、人文学和考古学方面[②]。迄今为止，罗马大学共夺得三枚诺贝尔奖（1938 年和 1959 年的诺贝尔物理学奖及 1957 年的诺贝尔生理学或医学奖），并培养出众多活跃于欧洲乃至世界各行各业的杰出人士和科学家。

16 世纪期间，罗马大学通常在每年的 10 月 18 日（圣卢卡日）开学，在第二年的 6 月 24 日（圣约翰·巴蒂斯塔日）放假[③]。学校的课程用拉丁语讲授，同学们要用拉丁语交流。然而，奇怪的是利玛窦在他后来的书信中从未提及在罗马大学读书的经历。其中的原因可能是利玛窦在这里读的是他所不愿意学习的法律专业，并且当时罗马大学在直属教皇的大学中成绩也不佳，利玛窦似乎更愿意把这段记忆埋藏在心里。

虽然缺乏关于利玛窦在罗马大学法学院三年期间（1568—1571

---

① ［意］菲利浦·米尼尼：《利玛窦——凤凰阁》，郑州：大象出版社 2012 年版，第 14 页。
② 柯毅霖：《利玛窦学术及科学才能培养之背景》，万德北：《利玛窦：一位耶稣会士肖像》，澳门：澳门利氏学社 2010 年版，第 23 页。
③ ［意］菲利浦·米尼尼：《利玛窦——凤凰阁》，郑州：大象出版社 2012 年版，第 15 页。

年）的详细记载，但我们还是可以通过许多历史资料看到利玛窦在此间的学习轨迹。

那段时间是罗马大学教学和科研上的活跃时期，虽然在校注册的学生人数不多，却以法律专业最为出名。利玛窦的父亲一心盼望儿子学习法律，以便将来能在教皇国从事行政管理工作。他通过在罗马枢机主教们的官邸任职的亲戚们，为利玛窦准备了食宿和一切培养公共事务官员的机会。在这些亲戚们的帮助下，年轻的利玛窦很快完成了学业，也在公共部门进行了必要的实习，并且做好了在教廷任职的准备工作。

利玛窦在罗马大学读书期间，很用功地学习了教会法典、民法、神学、哲学等必修课程。课余之时，他经常携带一本中世纪出版的导游书《辉煌的罗马城》（1550 年再版），游览古罗马城的大街小巷，参观古罗马城的遗迹、市场、拱门和剧院。

他很有可能到过古罗马庙宇废墟上的大教堂，诵读了刻在大理石或壁画上的罗马天主教史；他也许凝视过西斯廷教堂穹顶上米开朗琪罗的壁画《创世纪》，虽然这位艺术大师在当时已经辞世 4 年有余；他也可能在壁画《最后的审判》前受到基督教真理信念的强烈震撼，并且在瞻仰拉斐尔作画的房间时，还可能在《雅典学院》和欧几里得的圆规前驻足观看过①。

利玛窦非常欣赏中世纪的建筑风格，尤其是 16 世纪正在建设的楼宇中表现出来的古罗马遗风。所有的这些活动，开阔了他的视野，以至于到中国后，他亲自设计建造了中国大陆上的第一座教堂（在肇庆）以及在北京的教堂（南堂），他那娴熟的设计技巧和艺术涵养便来自在罗马大学求学的那段经历。

从这里可以看出，利玛窦在罗马大学学习期间，并没有接触太多的数学训练和知识，而是将更多的精力用在了文学、艺术及法律上。

2. 在罗马学院求学

尽管罗马大学并不是真正意义上的耶稣会学校，但学生时代的利玛窦与耶稣会的联系始终没有间断，他常常参加宗教活动，并且前往耶稣会神父那里做忏悔并领取圣餐。

---

① ［意］菲利浦·米尼尼：《利玛窦——凤凰阁》，郑州：大象出版社 2012 年版，第 18 页。

1569 年，17 岁的利玛窦加入了由耶稣会士创立的"圣母修会"。这是一个隶属于耶稣会的青年团体，成员多数为罗马公学院的学生，年龄一般在 12 岁至 18 岁，也有为数不多的成年人，修会的学监是弗朗西斯科·托莱多——著名的神学家和枢机主教。

利玛窦开始重视成人组的弥撒、祷告以及帮助穷人、病人的慈善活动，在这种文化和精神的氛围中，他越来越确信自己不适合世俗生活，一个成熟的想法在他的灵魂深处逐渐形成，在他即将完成 3 年的法律学业之际，他正式申请加入耶稣会。

1571 年 8 月 15 日，19 岁的利玛窦在罗马的奎里纳尔的圣安德烈教堂被耶稣会接纳为见习修士。见证人是意大利的范礼安神父（Alessandro Valignano，即亚历山德罗·范礼纳诺，1538—1606 年，利玛窦的终身导师和朋友），还有纳达尔神父（Jer－onimo Nadal，1571 年至 1572 年的耶稣会会长）以及利玛窦的见习导师法比奥·德法比神父。

范礼安像

据记载，利玛窦的父亲一直反对利玛窦加入耶稣会，他听说此事后非常生气，立刻动身前往罗马，欲使儿子退出耶稣会。马车行至半途（塔伦蒂诺城）时，他突发高烧病倒在驿站中，遂幡然醒悟："此必天主圣意，令我勿阻儿子所选之事。"病好之后，他悄然返回马切拉塔，不再干涉利玛窦的志向了。

加入耶稣会以后，利玛窦便中止了法律学业，随即进入奎里纳尔的圣安德烈初学院，从事各种类似于仆役的差事，并且通过了见习修士所必需的"经历考验"[1]。1572 年 5 月 25 日，利玛窦与其他两名修士在罗马耶稣会教堂的圣母像前发下入会誓言，成了一名真正的耶稣会士。

之后不久，利玛窦便被派到托斯卡尼的教会学校寄宿学习了一段时间。那所学校可能在佛罗伦萨，因为利玛窦后来常常将南京与佛罗

---

① 安国风：《欧几里得在中国：汉译〈几何原本〉的源流与影响》，南京：江苏人民出版社 2009 年版，第 20 页。

伦萨相比较。可见，他对佛罗伦萨这座城市相当熟悉。

1572 年 9 月 17 日，利玛窦又被选送到罗马学院（Collegium Romanum）学习。

18 世纪之前的罗马学院

罗马学院于 1551 年由耶稣会创始人依纳爵·罗耀拉创建，学院最初的办学理念是向穷人提供免费接受宗教教育的场所。随着学生人数的不断增加，学院曾经四度迁址，如今校舍早已不复存在。以前庄严肃穆的文艺复兴式的校园宫殿被分裂成多个部分，其中的一部分成为意大利最有名的中学——维斯康蒂中学，学院图书馆也成为意大利国家图书馆的前身和雏形。

1556 年，教宗保禄四世授权罗马学院升格为大学，使其成为以巴黎大学为榜样的高等教育中心，负责培养耶稣会的知识精英。罗马学院很快就成为耶稣会教育体系的皇冠，被奉为所有耶稣会学校的楷模。到利玛窦入学读书的时候，这所学校已经累计免费接收了 1 000 多名来自欧洲各国的青年学生，号称"万国大学"。

此时的罗马学院已按照罗耀拉的要求，提供了相当齐备的具有耶稣会鲜明特色的各类课程；在师资方面，罗耀拉规定任课教授必须由学术界的泰斗担任；在生涯方面，要求录取的学生经验丰富、智力超群、品质优良，有时还需要耶稣会的推荐和选送。

利玛窦在中国期间传播的西方数学文化和翻译的西方科技著作，

基本上都是他在佛罗伦萨教会学院（1572 年 5 月—1572 年 8 月）学习的教科书以及在罗马学院艺术系（1572 年 9 月—1577 年 5 月）学习的主体知识（伦理道德学、数学）。

利玛窦在 2～4 年内学完了这些主体知识，然后升到了高级的艺术系（自然科学系）学习逻辑学、物理、形而上学、道德、哲学和数学等科目。之后，还要接受法律、医学、神学（包括经院神学、历史神学和圣经）等培训[1]。

罗马学院的哲学课程的学习周期是 3 年。第一年学习逻辑，教材是亚里士多德的《工具论》，包括《范畴篇》《解释篇》《前分析篇》和《后分析篇》等，目的是让学生自"认识的工具"开始，掌握理性分析的利器；第二年学习自然哲学，包括亚里士多德的《物理学》以及古希腊数学；第三年学习形而上学[2]。

利玛窦入学的第一年和第二年属于预科阶段，主要学习修辞学、希腊文和诗歌、历史等内容。就拉丁文体来说，西塞罗的著作被奉为拉丁语修辞学经典。事实上，利玛窦在中国期间的著作《交友论》《西国记法》均吸收了所学修辞学中的文化气息。

之后便是始于公元 1573 年下半年的为期 3 年的哲学课程，包括逻辑学、伦理学、自然哲学、数学和亚里士多德的形而上学。在哲学课程的最后一年，利玛窦还选修了一门新课"争议"，这门课是由未来的枢机主教——年轻的神学教授罗伯特·贝勒明开设的。

在佛罗伦萨、罗马学院读书期间，利玛窦还是学校的学术学会（一种旨在鼓励学生在各个领域冒尖的学生学习团体）的尖子生之一。他经常参加学术学会的活动，进行了持久的智力锻炼、实习训练和心智操练。为了提高辩证法技能，利玛窦和同学们每个月都选定一个哲学命题进行相互辩论。这些有意义的活动，都为他在中国的传教和开展文化交流打下了基础。

16 世纪的数学包含在自然哲学科目之中，它是科学的基础，包括天文、音乐、地理及工程力学和建筑。在耶稣会学校的课程体系中，学习数学是学习神学的必经阶段，数学也是自然哲学的必学科目。因

---

① ［美］史景迁：《利玛窦传——利玛窦的记忆秘宫》，西安：陕西人民出版社 2011 年版，第 144 页。

② 安国风：《欧几里得在中国：汉译〈几何原本〉的源流与影响》，南京：江苏人民出版社2009 年版，第 20 页。

为人们相信世界是天主按照数学法则设计并创造的，并且天文学家开普勒也认为"一切外部世界探索的主要目的，在于发现天主的理性及其赋予世界数学的重要性"。

利玛窦跟克拉维乌斯学习

利玛窦在罗马学院求学期间的第一任正式的数学老师是巴托罗缪·利奇，但是对他影响最大的还是耶稣会的数学家克拉维乌斯教授。利玛窦能专注于数学科学领域的学习，完全得益于克拉维乌斯，他跟随克拉维乌斯的数学研究班学习，获得了额外的数学训练①。1574 年，克拉维乌斯将欧几里得的《几何原本》从希腊文编译成拉丁文，并且对该书做了详细的解析、注释和扩充（至 15 卷）。

克拉维乌斯是一位天才数学家和天文学家，他自 1563 年起任罗马学院的数学教授。他最早认识到数学知识对天主教事业的重要性和潜在价值，并说服了同事和耶稣会的高层人士，将算术、代数和几何纳入了耶稣会学校的教育体系。他发表的天文学、数学和教育学方面的论文、论著，对青年利玛窦的成长影响巨大。他强调"数学是最基本的学科，学生们学习数学对正确理解其他哲理学科是有益的和必要的"②，数学的一整套由简单到特殊的推算过程，使它成为人类"最简单、最确凿可信的一门学科"，从而也就自然而然地成为学生必须学习的基础学科。

克拉维乌斯哥白尼（Nicolaus Copernicus，1538—1612 年）和伽利略（Galileo Galilei，1564—1642 年）的私人关系甚好，虽然他们之间的天文学观点不同，但是这并不影响他们在数学上的友谊。1587 年的某一天，年仅 23 岁的伽利略带着关于固体重心计算方法的论文到罗马学院求见克拉维乌斯，受到了他的热情鼓励和称赞。

---

① 安国风：《欧几里得在中国：汉译〈几何原本〉的源流与影响》，南京：江苏人民出版社 2009 年版，第 20 页。

② ［美］史景迁：《利玛窦传——利玛窦的记忆秘宫》，西安：陕西人民出版社 2011 年版，第153 页。

克拉维乌斯回赠给伽利略的是罗马大学教授瓦拉的逻辑学讲义与自然哲学讲义，这两本讲义对伽利略之后的工作大有帮助。伽利略在之后与克拉维乌斯的通信中，还多次请教克拉维乌斯有关的数学问题，并且对克拉维乌斯在罗马学院推行的数学教育方案倍加欣赏。当年伽利略在比萨大学学习的听课笔记，也可以追溯到克拉维乌斯在罗马学院的数学讲座的教案。

在 16 世纪中叶，耶稣会成立的初期，数学学科在教会创办的大学中仅占次要地位。除了克拉维乌斯等少数几位耶稣会数学家外，修会中的人都将数学视为无关紧要的东西，就连罗耀拉本人对数学也没有太多的兴趣。可见，当年利玛窦踏上中国大陆的时候，数学的重要性还没有在耶稣会内部得到一致的认同①。

然而克拉维乌斯却坚信数学和哲学是相通的，数学教学不仅会给耶稣会传教增光添彩，而且还是学习其他科学与应用学科的基础和前提。由于他的努力，在 16 世纪后半叶的欧洲，耶稣会提高了数学学科在大学教学中的地位。他们借助对数学技能的充分认定，证明自己处于最新知识体系的前沿，并以此来取悦上流社会②。利玛窦赞同并且成功地在中国实践了老师的理念，借传播西方数学文化的契机和手段，开创了在中国的传教事业。

利玛窦在中国传教的 28 年间，始终与自己的恩师克拉维乌斯教授保持着书信往来，师生感情深厚。因此，利玛窦虔诚地把自己尊敬的恩师克拉维乌斯介绍给中国读者，真诚地赞誉他是继欧几里得之后最伟大的数学家，是欧几里得的真正继承者，以至于他后来在中国分别与瞿太素（1549—1612 年）和徐光启（1562—1633 年）合译的《几何原本》的蓝本，都是克拉维乌斯校订增补出版的拉丁文译本欧几里得《几何原本》（15 卷）。遗憾的是，在现存的利玛窦书信中，只发

---

① 安国风：《欧几里得在中国：汉译〈几何原本〉的源流与影响》，南京：江苏人民出版社 2009 年版，第 36 页。

② ［美］史景迁：《利玛窦传——利玛窦的记忆秘宫》，西安：陕西人民出版社 2011 年版，第156 页。

拉丁文版《几何原本》

现有两封是他写给大学恩师克拉维乌斯教授的。

如果仔细查看当年罗马学院的教学记录就会发现，利玛窦跟着克拉维乌斯学习了 4 年数学课程，或许他还请教过当时著名的数学家依纳爵·但丁以及其他的天文学家。

第一学年，他在四个月内学完了欧几里得的四本书，然后用了一个半月的时间进行了专门的算术训练，再用两个半月的时间进行了星体运行特征的实践观察，另外还有两个月的地理实践课程，其余时间他用于学习欧几里得的第 15 卷和第 16 卷讲义。

第二学年，他学了两个月的星盘计算，再用四个月的时间修完了行星理论学，透视画法课程的学习也耗费了三个月的时间；而其余时间，他则学习钟表制造和天主教教历计算理论。

第三、第四学年，利玛窦攻读了更先进的星球理论，并使用象限仪编制万年历和行星运行表。

据课程表"数学教育大纲"记载，利玛窦学习了如下数学教材[①]：

（1）欧几里得（Euclid，前 325—前 265 年）的《几何原本》第 1 至第 16 卷讲义，这是克拉维乌斯自己在 1574 年编辑出版的拉丁文译本，也是利玛窦和徐光启翻译的 6 卷本蓝本。

然而，其中的评注部分在克拉维乌斯从希腊文翻译成拉丁文时就已经被省略了，利玛窦和徐光启自然也没有将其译成中文。

（2）克拉维乌斯的《实用算术概论》讲义，这是利玛窦与李之藻合译的《同文算指》中文译本的蓝本。

（3）乔瓦尼·达萨克罗博斯克（Giovanni de Sacrobosco，1195—1256 年）的《天球论》。这部著作在 1230 年出版，之后影响了欧洲近 500 年，是当时欧洲标准的天文教科书。1570 年，克拉维乌斯还为此

---

① 安国风：《欧几里得在中国：汉译〈几何原本〉的源流与影响》，南京：江苏人民出版社 2009 年版，第 55~58 页。

专门写了一本著作《天球论注释》。

此外，还有佛朗切斯科·玛屋洛力克（Francesco Maurolico）的《论球体》（1558 年在威尼斯出版）以及亚历山大·皮科洛米尼（Alessandro Piccolomini）的《论世界是球体》（1548 年在威尼斯出版）等，以上三本书都可以在利玛窦的中国藏书中找到①。

乔瓦尼·达萨克罗博斯克和他的《天球论》

从这些书中，利玛窦获得了天文学的入门知识并掌握了宗教历法计算所需要的方法，学习了球体的几何属性、天体运行的特点以及地心说，但是利玛窦对天文学的技术问题还是所知有限的。

（4）《三角学》专著以及三角函数表（作者不详），这些知识都在利玛窦在肇庆和韶州的传教活动中派上了用场。

（5）舒贝尔（Joannes Scheubel）的《代数简编：摘自数学奇观》（1552 年出版），这些内容由于推迟讲授，利玛窦可能学得不太深入。

（6）阿波罗尼奥斯（Apollonius，约前 262—约前 190 年）的《圆锥曲线论》以及《球面三角学概论》，这是制作星盘、日晷的必备的数学知识。阿波罗尼奥斯的主要贡献涉及几何学和天文学，这两本书是其代表作，共有 8 卷，含 487 个命题，这是希腊演绎几何的最高成就。

在《圆锥曲线论》这本书里，阿波罗尼奥斯第一次从一个对顶锥

---

① ［意］菲利浦·米尼尼：《利玛窦——凤凰阁》，郑州：大象出版社 2012 年版，第 41 页。

得到所有的圆锥曲线，而且椭圆、双曲线、抛物线就是他提出的。利玛窦在中国传播的非欧几何知识，多数内容来自《圆锥曲线论》。

阿基米德像

（7）阿基米德（Archimedes，前287—前212年）的《圆的度量》介绍利用圆的外切与内接96边形，求得圆周率π为：22/7 > π > 223/71，这是数学史上最早明确指出误差限度的π值；欧几里得的《论图形的剖分》（*On the Divisions of Figures*），论述用直线将已知图形分为相等的部分或成比例的部分以及面积和体积的测量方法。

（8）青年时代的利玛窦还倾心于学习地理学和制图学这两门学科。使用的教材便是托勒密（Ptolemaeus，约90—168年）的《地理学》（这本书解释了怎样从数学上确定纬度和经度线）以及格哈德·克雷默的几何地图绘制技术、亚伯拉罕·奥泰里奥（荷兰人）的地图集《寰宇概观》（这本地图集于1570年在比利时的安特卫普首次印刷出版，是第一本系统的世界地图册）。1584年，利玛窦在肇庆以此书为基础制作并印行

托勒密像

《山海舆地全图》，这是中国人首次接触到近代地理学知识）。此外，他还学习了透视画法、音乐学理论、实用几何学、机械学、天文学的有关问题以及十六进制的天文分数等。

（9）在罗马学院里，利玛窦还学习了训练技术和培养动手能力的科目。他学习了制作地球仪的最新技术，学习了等高仪（用来测量星体距地平面高度的仪器）的作用机理，学习了日晷的制作原理及技术，还探索到了敲钟报时的机械钟的制作奥秘。他还参与了克拉维乌斯主持的制作精致无比的地球仪和天球仪（1575年）的工作，这两个

仪器至今仍被收藏于罗马国家图书馆①。这些理论知识和实践活动，后来都被利玛窦用在中国的传教事业中。

利玛窦可能学习了上述的大部分内容或全部内容，这样一来，他就接触到了那个时代能够学习到的大部分数学知识。利玛窦也许太热心于学习数学，这使得他的神学课程学习缓慢。直到 1580 年，利玛窦才在印度的果阿完成了神学课程的学习，以至于当时人们还猜测利玛窦是作为数学家而被派遣到中国传教的。

二、名师高徒，利玛窦醉心数学

利玛窦到中国传教并定居以后，时常以耶稣会数学家克拉维乌斯的学生自喻并以此为荣。他将西方数学介绍给中国人时，曾经用赞美诗的形式对数学理论体系做了精辟的解释②。

利玛窦认为，数学像条大河，算术、几何、音乐、天文学加年代学可以组合成数学的四大支流（而四大支流又细分为百条小溪）。

第一条支流（算术）可用来测量宇宙的大小。比如测量天体密度，以及地球、太阳、月亮之间的距离，测量山脉、各种建筑物的高度，峡谷的深度，两地间的距离，测量田野的面积、库房的容积。

第二条支流（天文学加年代学）可以计算太阳射线。用来解释四季的变换，日出与日落的时间，经度与纬度，年、月、日的起始时刻，闰年和闰月的形成等等。

第三条支流（几何与音乐）可制造各种规则的仪器。如观察天体运动的天体仪、调整八音乐器的仪器、报时用的钟表等等。

第四条支流（计算和几何）起管理与控制作用。比如城市建设、宫殿施工、运河开凿、水库修筑、桥梁架设的技艺以及使它们坚固耐久、千年不损毁的装饰与加固技艺等等。

他还将自己理解的数学理论付诸现实并进行科学归纳。他认为，数学计算可以用于举重物、搬移物品或建造进行灌溉的机械装置，这涉及光学、平面曲率技术、透视与明暗相衬的绘图技术；数学计算也

① ［意］菲利浦·米尼尼：《利玛窦——凤凰阁》，郑州：大象出版社 2012 年版，第 43 页。
② ［美］史景迁：《利玛窦传——利玛窦的记忆秘宫》，西安：陕西人民出版社 2011 年版，第157 页。

可用于地理学，为描绘和测量山川、海洋、地域与岛屿提供方法①。因此，这些"按照比例缩小绘制的样图"以及"按照罗盘定位绘制的样图"，都避免了错误和混淆。

尼古拉·哥白尼像

值得注意的是，利玛窦在罗马学院学习的天文学（并且传播到了中国）是托勒密体系和阿奎那理论，其核心是地球是"宇宙的中心"并且静止不动；该学说直到 16 世纪末，仍然是伽利略在帕多瓦大学讲授的内容②。然而，尼古拉·哥白尼的"日心说"代表著作《天体运行论》已经在 1543 年出版，利玛窦是否拒绝接受更新、更精确的宇宙结构（太阳是宇宙的中心），我们无法妄加评论，但我们认为利玛窦至少知道这部书的内容，因为它当时没有遭到禁止。直到 1616 年，天主教会才开始全面禁止《天体运行论》的出版和流通，那时，利玛窦已经去世。

哥白尼的"日心说"理论的传播问题，就让年轻的乔尔丹诺·布鲁诺修士（Giordano Bruno，1548—1600 年）付出了沉重的代价。布鲁诺支持哥白尼的理论，批判经院哲学和神学，反对"地心说"，宣传"日心说"宇宙观和宗教哲学，1592 年在威尼斯被宗教审判所逮捕，1600 年 2 月 17 日被烧死在罗马的鲜花广场上。

据专家猜测，1576 年，极具才华和反抗精神的布鲁诺从那不勒斯的圣多明我修道院逃出来以后，曾在罗马学院附近的多明我会的密涅瓦修道院住了几个月。这段时间内，他很有可能去罗马学院旁听过克拉维乌斯的数

乔尔丹诺·布鲁诺像

---

① ［美］史景迁：《利玛窦传——利玛窦的记忆秘宫》，西安：陕西人民出版社 2011 年版，第158 页。

② ［意］菲利浦·米尼尼：《利玛窦——凤凰阁》，郑州：大象出版社 2012 年版，第 42 页。

学课，如果是那样的话，就有可能在课堂上遇到过利玛窦（仅是猜测，目前还没有确凿的资料证明）。虽然同在一片蓝天下，这两个年轻人的信仰和命运却完全相反①。

利玛窦在中国生活期间，对于他所拥有的数学知识进行了充分的实践，在罗马学院刻苦学习的制图和仪器制作活动，此时产生了非凡的效果。他在钟表制造、光学、天体观测、高山测量、音乐韵律、地理位置、几何等方面，通过实践将学习到的知识变得更加完善。

利玛窦将这些数学知识用于计算日食、精确计算纬度、调节日晷仪的安置位置和绘制大比例尺的世界地图。据统计，利玛窦绘制的世界地图有1584年的肇庆版本、1600年的南京版本以及1602年、1603年、1608年、1609年的北京版本（大约有十多个版本）；他亲自实地测定和在地图上推算过经纬度的城市有北京、南京、大同、广州、杭州、西安、太原、济南、扬州、淮安、徐州、济宁、临清、天津等。徐光启在利玛窦的影响下还测定了山东、山西、陕西、河南、浙江、湖广、四川、福建、广西、云南和贵州等地的省会的经纬度②。通过这些科技活动，利玛窦在中国赢得了极大的声誉。

在罗马学院学习期间，利玛窦还收获了其他耶稣会修士不曾有的、除神学和科学之外的第三方面的果实，那就是同罗马教会上层人士建立的良好的私人感情。

这个人际关系圈包括利玛窦的两位思想导师范礼安（远东视察员）和德法比，还有克拉维乌斯（数学恩师）、阿夸维瓦（耶稣会会长）以及达席尔瓦（印度教区的负责人）等等。这些人对利玛窦在中国采取的"适应性传教"策略给予了足够的精神和物质支持，为利玛窦的传教实践创造了最大的活动空间。

在罗马期间，利玛窦已经构建好了一个科学与人文相融合的知识结构，为后来到中国广泛传播数学文化奠定了良好的素质基础。

三、远涉重洋，从罗马来到澳门

16世纪地理大发现以后，葡萄牙垄断了通往东方的印度洋航线，

---

① ［意］菲利浦·米尼尼：《利玛窦——凤凰阁》，郑州：大象出版社2012年版，第44页。

② 黄兆宏、张嫣娟：《利玛窦在华测绘经纬度地图及原因探析》，《西北民族大学学报》（哲学社会科学版）2010年第4期。

方济各·沙勿略像

天主教也随着殖民主义者的步伐，"一手拿着十字架，一手拿着宝剑"远征东方。1542年5月，作为天主教耶稣会创始人之一的方济各·沙勿略（1506—1552年）到达印度并担任果阿邦（Gtoa）耶稣会会长。

自1442年到1552年，沙勿略历经烈日炎炎和冰天雪地，赤足步行十万千米，足迹遍及印度、锡兰（今斯里兰卡）、满剌加（今马六甲）、新加坡、摩鹿加（今印度尼西亚）群岛等地，最后到达了广东的上川岛。在印度停留的长达7年的时间内，他以强制的手段对当地的土著人进行"信仰灌输"，所取得的成绩显然是以排斥当地文化和宗教信仰为代价的。因此，这种传教政策与东方民族的文化传统和氛围是格格不入的[①]。

抛弃以往的做法、着意培养"适合于这些东方文明民族思想感情"的传教策略，是沙勿略在前往日本和中国传教的过程中形成的。1549年，沙勿略踏上日本九州的鹿儿岛传教，他时常听日本人称中国为"上国"，并获悉日本的一切文化都来自中国。当他宣讲福音时，日本人表示"如果天主教确实有崇高价值，文明的中国早就信奉了"。他意识到，要真正获得亚洲传教的成功，一定要不畏千难万险，设法叩开中国的大门。只是明朝政府的闭关锁国政策以及中西方的文化差异，使得沙勿略壮志难酬，还未进入中国传教便于1552年12月3日病逝在广东的上川岛上。临死之前，他面向中国大陆感叹："岩石啊，岩石！你何时才能开门！"但是，他留下的"适应性传教"思想，却博得了在中国传教的后辈们的尊重。那一年，利玛窦刚刚出生。

1576年6月，三年一度的全球性的耶稣会各教区负责人大会在罗马举行第三次会议，印度教区的负责人马蒂诺·达席尔瓦（Martino da Silva）也来到了罗马，他与利玛窦的关系非同一般。在此期间，罗马学

---

① 沈定平：《明清之际中西文化交流史——明代：调适与会通》，北京：商务印书馆2007年版，第135页。

院以及耶稣会内部充满一种"使徒精神"，这种精神时刻影响着利玛窦①。这年的秋天，利玛窦做出了历史上的重大决定，他递交了赴东印度参加外方传教团的申请书，他要投身到皈化非基督教世界的使命中去。1577年春天，在马蒂诺·达席尔瓦的帮助下，利玛窦成为罗马学院唯一一位未完成学业便被派往葡属印度履行传教使命的修士。那时的利玛窦还不是神父，他还没有完成为期三年的神学课程的学习任务。

临行前，利玛窦受到了教皇格里高利十三世的接见。接纳他入耶稣会的德法比神父非常满意他在数学方面的成绩，并且鼓励他以数学知识作为传教的手段，造福于他传教国家的人民。德法比神父还告诉利玛窦，范礼安神父已经在两年前到达印度，以远东视察员的身份，代替耶稣会会长主持远东地区的传教事务。听到这个消息，利玛窦感到无比的兴奋和激动，更加坚定了去东方传教的信念。

回到罗马学院，利玛窦去向他的恩师克拉维乌斯辞行。克拉维乌斯将一个等高仪和一本乔瓦尼·达萨克罗博斯克的《天球论》送给了利玛窦，并且将测量时间和空间、测量位置和距离的方法，单独传授给了利玛窦；他还嘱咐利玛窦时刻带着这两样东西，这是恩师克拉维乌斯教授送给利玛窦最后的祝福②。

1577年5月18日，利玛窦来不及回到家乡与父母告别，就与鲁道夫·阿夸维瓦、巴范济以及罗明坚一起从罗马出发，经过热那亚，乘船到西班牙的卡塔赫纳港，后经陆路于7月份到达葡萄牙的首都里斯本。为了等候去印度的

从里斯本出发向东方航行

商船，利玛窦进入科英布拉学院学习了将近一年的神学课程，并顺便学习了葡萄牙语，在其后的岁月里他一直使用葡萄牙语。

1578年3月24日，利玛窦、罗明坚等14人，分乘"圣路易斯""圣格利高利"和"耶稣"号3艘四桅帆船，在众人的祈祷声、钟声

---

① ［意］菲利浦·米尼尼：《利玛窦——凤凰阁》，郑州：大象出版社2012年版，第45页。
② ［意］菲利浦·米尼尼：《利玛窦——凤凰阁》，郑州：大象出版社2012年版，第49页。

和礼炮声中，从葡萄牙的里斯本港口扬帆起航，驶向东方①。在经过了近6个月的海上危险航行之后，1578年9月13日，他们总算平安地到达印度的果阿——这座埋葬着沙勿略的城市。

果阿邦的海岸

果阿邦位于印度南部西海岸，濒临阿拉伯海，面积3 702平方千米。1497年葡萄牙探险家瓦斯科·达·伽马（Vasco da Gama，1469—1524年）奉国王之命，率领舰队从里斯本出发绕过好望角到达果阿，将其作为印度至欧洲海上贸易航线中的落脚点。

1510年，葡萄牙的舰队司令阿尔布克尔克击败旁遮普土王，占领了果阿旧城（Velha Goa），然后在果阿屯兵，希望果阿成为葡萄牙的殖民地及海军基地。

从1578年9月到1582年8月的整整4年的时间里，利玛窦在印度和交趾传教，其间在果阿的神学院学习了人文学科、神学（二年级、三年级）的课程，完成了由学生向学者的蜕变过程。

1580年7月26日，利玛窦晋升为神父（司铎）后，逐渐认识到应该允许当地人也学习哲学、教理和神学等欧洲文化，并写信向耶稣会总部提出了这个问题。他认为如果"阻拦他们与他人为伍担任职务——通过学问而出人头地——我担忧他们会

利玛窦到达澳门

憎恨我们，而我们耶稣会在印度的主要目的——感化异教徒使他们皈依我们神圣信仰的使命将会化为泡影"。他的这种见解在他的一生中始终如一，这也是他进入中国后所持的基本传教态度。

---

① ［意］菲利浦·米尼尼：《利玛窦——凤凰阁》，郑州：大象出版社2012年版，第61页。

此时，在中国澳门传教的罗明坚遇到了语言上的障碍以及其他麻烦，他请求远东视察员范礼安尽快派利玛窦到澳门来，范礼安同意了罗明坚的请求。

1582 年 4 月 26 日，利玛窦和巴范济离开果阿，经过马六甲前往中国的澳门。

四、学习汉语，融入中华世俗间

1582 年 8 月 7 日，利玛窦沿着其先辈的足迹和目标，历经千辛万苦终于来到中国澳门。自从踏上去东方的航程，利玛窦便决定继承沙勿略的遗志，希望能够完成耶稣会远东视察员范礼安赋予他的首要任务："获得万历皇帝的青睐，获准自由传教，最终皈化千千万万的中国人。"[①] 因此，他用了大量的时间来学习汉语，身披袈裟扮成"西番僧人"以便接近民众，为传播福音而寻求机会。

澳门北邻广东珠海，西与珠海市的湾仔和横琴对望，东与香港隔海相望，相距 60 千米，南临中国南海。自公元 1553 年葡萄牙人取得澳门居住权并将其辟为殖民地之后，澳门很快成为澳门—果阿—里斯本、澳门—马尼拉—墨西哥、澳门—长崎三条国际贸易航线的中转站和全球性自由贸易区。葡萄牙、西班牙、荷兰等早期西方资本主义国家的商人纷纷来到澳门开展贸易、经商，以图赢利发财，耶稣会士也纷纷随商船前来澳门传播天主教。

16、17 世纪的澳门

明嘉靖三十四年（1555 年）9 月，耶稣会士公匝勒斯（Gregoro

---

① 朱维铮：《走出中世纪》（增订本），上海：复旦大学出版社 2007 年版，第 66 页。

韶文化研究丛书

第二章 利玛窦携数学东来

澳门大三巴寺残壁

Gonzales）第一个来澳门传教，并建立了澳门的第一座教堂。自此之后的 1561—1563 年，神父巴尔达·撒加高（Balthasar Zagago）、狄野高·贝勒拉（Diego Pereira）、方济各·贝勒兹（Franeois Perez）、代宰拉（Emmanuel Feixeira）和平托（F. Andre Pinto）等相继来到澳门传教。1563 年，斯皮诺拉（C. Spinola）建造了澳门"圣保禄教堂"（俗称大三巴寺，后因失火，只剩下大门口残壁）；1569 年，卡内罗兴建了澳门第一座正规的天主教堂"圣望德堂"①。经广东地方政府的同意，至 1563 年，澳门至少有 8 名耶稣会士进行传教，发展教友 600 多人②。

不过，耶稣会士并不满足于只在澳门传教，而是梦想以澳门为基地进入中国内地传教。然而，要进入中国内地，必要的条件就是耶稣会士会读、会写、会讲中国话，并且熟悉中国的礼仪和民情。因此，罗明坚等人成为首批欲进入中国内地传教而必须在澳门学习中文的传教士。

罗明坚（Michele Ruggleri，1543—1607 年），字复初，意大利那不勒斯的斯皮那早拉城人。他在学生时代曾获民法与教会法博士学位，毕业后在那不勒斯政界服务多年，29 岁加入耶稣会。1579 年 7 月 20 日，罗明坚从印度南端的马拉巴尔（Malabar）启程到达澳门。

他按照范礼安"应该学习中国话及中文"的要求，开始学习汉语、了解中国的风俗习惯，并在耶稣会修院旁边建了一间很小的学校，名为"圣马尔定经院"。这是中国第一个用汉语来传教的机构，也是晚明时期中国第一所外国人学习汉语的学校。其目的是：一方面可以向澳门居民讲授天主教义；另一方面也可以为新来澳门的耶稣会士提供学习中文的场所。

在 16 世纪 80 年代，一个外国人想要学习中国语言，而又没有合

①　关汉华：《16 世纪后期天主教在广东的传播与影响》，《中南民族大学学报》（人文社会科学版）2003 年第 1 期，第 127～131 页。

②　黄启臣：《澳门——16 至 19 世纪中西文化交流的桥梁》，《比较法研究》1999 年第 1 期，第 15～36 页。

适的中文教材，也没有中西互译的词典和称职的老师，其难度是可想而知的，况且此时罗明坚已经36岁，记忆力已不是很强了。但是，罗明坚是一位很有毅力并拥有极高天赋的传教士，到达澳门后的两年半左右的时间里，他依靠刻苦钻研竟然认识了15 000个汉字，可以初步阅读中国的书籍。3年以后，便可以用汉语来写作了（基本上做到了能说、能念、能写中文）。同时，罗明坚多次请求范礼安派利玛窦来澳门协助他工作，希望利玛窦能够成为与他共同开创中国传教事业的伙伴，范礼安终于答应了。罗明坚与利玛窦的合作，预示着中西文化交流时代的到来。

关于罗明坚与利玛窦等人的友谊，还有一段轶事。根据罗明坚的记载，罗明坚、利玛窦、鲁道夫·阿夸维瓦（耶稣会会长阿夸维瓦的弟弟）、佛朗切斯科·帕西奥这4位意大利人，在到达印度果阿港的那天，下船后没有立即进城，而是坐在一棵巨大的棕榈树下休息。罗明坚岁数较长，他开始半开玩笑地对每一个人的命运进行占卜，猜测他们将以什么身份被派往哪里传教。

罗明坚预测，他们都将被派到中国传教（尽管当时耶稣会印度教区并没有这一打算），其中"鲁道夫·阿夸维瓦、佛朗切斯科·帕西奥、利玛窦和罗明坚分别是作为神学家、哲学家、数学家和法学家被派往那里传教的"。

罗明坚面带微笑地回味着自己刚才梦呓一般的话，很认真地说："先生们不要取笑，我说的话一定会实现的。"事实上，罗明坚的话基本上得到验证，除鲁道夫·阿夸维瓦殉道以外，其余3个人最后都被派往中国传教。我们先不要评价罗明坚的话是不是事后杜撰的，至少从这里可以看出罗明坚与利玛窦之间的亲密关系和对利玛窦的了解与信任程度之高①。

利玛窦经过耶稣会11年（1571—1582年）的严格训练后到达中国时，正好是其而立之年（1582年，利玛窦正好30岁）。他的特长主要体现在数学、天文、地理和历史等学科，以及钟表制作、机械安装、印刷和建筑等工艺，此外还有音乐、修辞等艺术修养，这些为他的传教事业提供了十分有利的条件。

---

① ［意］菲利浦·米尼尼：《利玛窦——凤凰阁》，郑州：大象出版社2012年版，第71～72页。

然而，利玛窦若想在中国站稳脚跟，还必须增加一项技能，那就是精通中文，不仅要会讲中国的官方语言、地方语言（广东话），还要通晓中国的文字、词汇和语法等内容。

利玛窦在澳门学习汉语

利玛窦到达澳门之后，便立刻着手按照罗明坚设立的几条为后来的传教士所遵循的基本原则开展工作，其中最紧要的便是努力学习中国的语言和文化，以便最大限度地适应中国人的风俗习惯，因此利玛窦制订了详细的中文学习计划，开始在"圣马尔定经院"学中国语言、读中文书籍。虽然他感觉到中文比希腊文、德文以及葡文都难，但他很快就掌握了中文的语音、语法和书写中文的初步规则。在此之前，罗明坚曾花费两年左右的时间学习中文，并且编辑了类似于儿童识字课本的东西，这些对利玛窦的学习帮助很大，并且罗明坚还让训练好的 3 名仆人来教利玛窦中文，甚至还为利玛窦请了中文家庭教师。

开始学习汉语的利玛窦对学习与字母文字完全不同的汉字感到很兴奋，觉得非常不可思议。此外，在澳门的时候正好有来自日本的天正遣欧使节团路过，利玛窦还趁此机会学了一点日语。

利玛窦经过一段时间的刻苦学习，基本上达到了能听、讲中国话（或广东话）的程度。在利玛窦看来，学习汉语并不困难，他认为："汉语的词汇中没有单复数的区别，没有阴性阳性的区别，没有时态和语气的区别，他们用很容易理解的副词就解决了问题。而且每个词都是一个音节，最快的书写方式就是画，因此他们就像我们的艺术家一样是用画笔。而且它最大的优势就是即使他们讲话时用的是不同的地方语言，却都能相互通信和阅读书籍。"①

如何接近民众，怎样宣讲天主教义，也令罗明坚和利玛窦颇为苦恼。有一次，利玛窦在澳门的大街上闲逛，发现前面人声鼎沸，熙熙

① 黄启臣：《澳门——16 至 19 世纪中西文化交流的桥梁》，《比较法研究》1999 年第 1 期，第 15 ~ 36 页。

攘攘，好不热闹。走近却发现是一座庙宇，里面正在举行隆重的佛教法事。

利玛窦剃发成西僧

此时，利玛窦或许受到了启发，为了更容易让民众接受天主教，也为了突出天主教的宗教特性，罗明坚、巴范济和利玛窦等人与一些中国朋友商议后，效仿中国僧人刮掉胡须、剃光了头，换上了和尚的服装、变成僧人模样，神父们衷心希望民众能像接纳佛教一样接纳天主教。

万历十一年（1583 年）9 月初，罗明坚和利玛窦得到一个意想不到的机会，在"圣马尔定经院"的赞助人维耶加（Gassar Villeeas）的大力支持下离开澳门，前往中国的内地城市肇庆（明朝末年的两广总督府所在地）。

第三章　用数学为传教探路

　　肇庆古称端州，曾是西江流域政治、经济、文化的中心和军事重镇，有文字记载的历史已有 2 200 多年；它既是岭南土著文化的发祥地，也是中原文化与岭南文化最早的交汇处之一。北宋政和三年（1113 年）改端州为兴庆府，重和元年（1118 年），宋徽宗赵佶又亲赐御书"肇庆府"，自此端州更名为肇庆，意为"开始带来吉祥喜庆"。

16 世纪的肇庆府地图

　　利玛窦进入中国的第一站便是广东省的肇庆府。为什么要先到肇庆府呢？因为肇庆是明清两代 180 多年的两广总督府所在地。利玛窦在肇庆确立了"以数学来赢取中国民心进而传播天主教义"的曲线传

教思想后，通过各种科学活动特别是数学应用活动，首先传入了当时流行于欧洲的"非欧几何"，这些数学知识主要有圆锥曲线、平行投影、球极投影、画法几何和透视法等。

"非欧几何"知识的传入，丰富了我国的数学研究与应用，从而直接有力地促进了我国科学技术和近现代数学的萌芽与发展。

一、追踪寻影，中数西化源肇庆

1583 年 9 月 10 日，利玛窦和罗明坚获得准许，从澳门取水道沿西江而上，进入了当时作为南方政治、经济、文化中心的"两广总督府"所在地——肇庆府居住。

此时的利玛窦还并不清楚中国人对待天主教的态度，他回答官府的询问时，只是说自己是一个宗教团体的成员，因为仰慕中国的盛名和光辉，打算在中国度过余生，并承诺遵守中国的法律，不打扰他人①。这样一来，时任肇庆知府王泮便友好地接纳了利玛窦和罗明坚等人，并愿意为他们提供保护。

利玛窦到达肇庆

1. 建立内地第一座天主教堂

利玛窦和罗明坚在肇庆获得居住许可后，便满怀激情地投入工作，他们在新任总督郭应聘给予的土地上，建造了中国内地第一座天主教堂。由于利玛窦在罗马学院的数学成绩优异，还曾学习过欧洲建筑学且有相当高

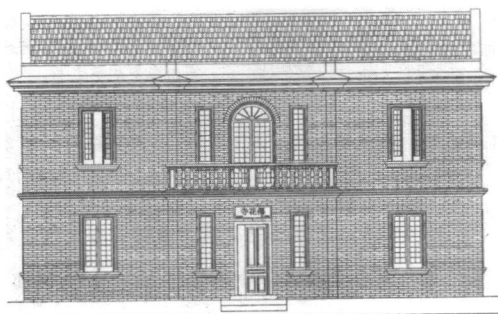

肇庆第一座天主教堂

---

① ［意］利玛窦、［比］金尼阁著，何高济等译：《利玛窦中国札记　传教士利玛窦神父的远征中国史》，桂林：广西师范大学出版社 2001 年版，第 112 页。

的造诣，所以，从设计、施工到竣工的这整个过程中，都渗透了利玛窦大量的心血，那一年，利玛窦31岁。直到1588年4月罗明坚离开肇庆远赴罗马的近5年时间里，利玛窦一直是以助手的身份来协助罗明坚工作的。

请家庭教师

在肇庆安顿好住所之后，利玛窦和罗明坚以高薪聘请了一位有声望的中国学者（福建籍的秀才）住在教堂里做他们的中文家庭教师①，继续研究和学习中国的语言、书法。为了帮助自己以及来华的耶稣会士学习中国语言，利玛窦和罗明坚两人合作编写了一本《葡汉字典》，全书共189页，用拉丁字母拼音的方法注释汉字读音。这对西方人学习中国语言甚至汉语的拼音化，都有非常重要的意义。经过多年的刻苦学习（包括在澳门和韶州的学习），利玛窦掌握进而精通了中国的语言文字，达到了"勤学明理，著述有称"的程度。

利玛窦和罗明坚编写的《葡汉字典》

① ［意］利玛窦、［比］金尼阁著，何高济等译：《利玛窦中国札记 传教士利玛窦神父的远征中国史》，桂林：广西师范大学出版社2001年版，第119页。

1584 年，他在肇庆写信给友人说他已经能流利地讲中国话、念懂一些中国书、会写中国字了。他和罗明坚夜以继日地钻研中国的学术典籍，并且在家庭教师的帮助下，利玛窦用适合百姓阅读的文体，历时四五个月，将罗明坚酝酿和撰写的《天主圣教实录》修订定稿，并在广州刊印发行①。肇庆知府王泮特别喜爱这部书，印了许多册，天主教的教义随着这本中文著作在国内广为流传。

为了做好在肇庆的传教工作，利玛窦对自己进行了彻底的汉化包装。万历十三年（1585 年），利玛窦给自己取了"利玛窦"这个中国名字，名字所用的汉字接近其本名 Matteo Ricci 的欧洲读音。如"利"表示"利奇（Ricci）"，"玛窦"表示"马太奥（Matteo）"；此外，利玛窦模仿中国人的习惯，取中文字号为"西泰"。

利玛窦性情温和，待人容忍、谦让。在处理肇庆民众袭击教堂等一系列事件中，他表现出的临危不惧的品质和息事宁人的态度，平息了多次危及中国传教团前途的民事诉讼，这也初步显露了他处理公共关系问题的才干②。

2. 绘制第一幅中文版世界地图

1584 年 4 月，利玛窦在肇庆给中国人展示了一幅从意大利带来的世界地图。这幅地图非常精美，顿时吸引了不少人来观看，特别是一些政府官员以及高级知识分子，包括当时肇庆的知府王泮等。王泮看过之后，遂请利玛窦给他另外绘制一幅。

绘制中文版世界地图

利玛窦立即动手于同年 11 月绘制成功，即著名的《山海舆地全图》③。后来利玛窦又应王泮的请求，参考随身带来的以欧洲文字标注的世界

---

① 沈定平：《明清之际中西文化交流史——明代：调适与会通》，北京：商务印书馆 2007 年版，第 259 页。

② 沈定平：《明清之际中西文化交流史——明代：调适与会通》，北京：商务印书馆 2007 年版，第 267 页。

③ ［意］利玛窦、［比］金尼阁著，何高济等译：《利玛窦中国札记 传教士利玛窦神父的远征中国史》，桂林：广西师范大学出版社 2001 年版，第 180 页。

地图，重新绘制了一幅用中文注释的世界地图。

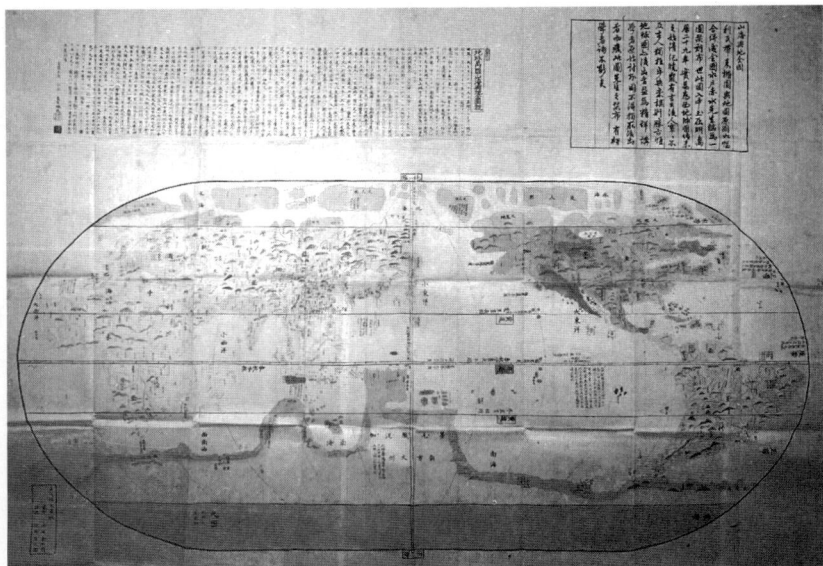

利玛窦绘制的《山海舆地全图》

在看到这一幅中文版世界地图时，有些官员对"置中国于地图之极东一角，极为不满意"。利玛窦得知这一情况后，运用自己掌握的圆锥曲线和投影几何等数学知识，天才地将福岛零度经线移位，这样中国就被移至地图中央，从而满足了一些人传统的"世界唯中国独大，余皆小且野蛮"之虚荣骄傲的心理。

利玛窦深知"作为一名西方传教士，在华绘制地图的主要目的无疑是作为一种传教手段"。利玛窦在后来的《入华记录》中写道："欲使中国人重视圣教事宜，此世界地图盖此时绝好，绝有用之作也。"[①]在描述各种不同的宗教仪式时，利玛窦趁机加进了对天主教神迹的叙述，他知道加在哪里才和他传播福音的想法完全一致。

他在给耶稣会会长阿夸维瓦的信中说："在当时那种特殊环境中，再也找不到别的方法更适宜使这个民族信教了。"中文版世界地图在肇庆刻印之后被广为散发，由此为利玛窦和他的传教团队赢得了极大的声誉和赞许。

---

① 黄兆宏、张嫣娟：《利玛窦在华测绘经纬度地图及原因探析》，《西北民族大学学报》（哲学社会科学版）2010 年第 4 期，第 117～120 页。

"这份地理研究（指地图），经常加以校订、改善和重印，进入了长官（王泮）和总督（郭应聘）的衙门，最后应皇上亲自请求而进入皇宫。"① 此时，在肇庆的利玛窦蓦然发现了可以将西方数学作为传播天主教义的新途径，并以自己丰富的数学知识震慑了中国人②，因此，他在中国获得了"数学家"的美誉。

事实上，利玛窦的世界地图也使国人逐渐消除了对传教士的恐惧感。因为人们在地图上看到欧洲和中国之间隔着无数的海陆地带，而不再害怕外国人的到来，这样有助于天主教在全国范围的传播。自此以后，他更加谦恭而耐心地接待从四面八方来教堂参观访问的官员和知识分子，使基督教的福音随教士的名声传扬到广东之外。

二、学术传教，非欧几何做先锋

利玛窦非常欣赏古老的中国文明，认为除了还没有沐浴"天主信仰"之外，中国堪称举世无双的伟大的国度，他甚至认为中国可与柏拉图理想的共和国媲美。而且他还发现中国人非常博学，"医学、自然科学、数学、天文学都十分精通"。但是他也察觉到"在中国人之间，科学不大成为人们研究的对象"。

利玛窦初到肇庆时，他带来的天主教义并不被认可，甚至曾引起人们的普遍反对。然而，他发现自从他向肇庆人介绍了许多西方数学方面的知识后，便引起了人们的好奇，获得了结交中国人的机会，也为论证天主教义、吸引更多人入教创造了条件。

据记载，利玛窦从西方携带了许多物品来中国，包括圣母像（油画）、世界地图、星盘和三棱镜以及 6 000 册左右的图书。这些图书中有许多数学类的书籍，包括欧几里得的《几何原本》、克拉维乌斯的《实用算术概论》、阿波罗尼奥斯的《圆锥曲线论》以及《球面三角学概论》等。

为配合在肇庆的传教事业，利玛窦曾经进行过多次天文观测和地理勘察活动。他利用铜铁制作天球仪和地球仪，向来访者讲解地球和各星球的运行轨道；并且成功地观测了两次日食现象（1583 年 11 月

---

① ［意］利玛窦、［比］金尼阁著，何高济等译：《利玛窦中国札记 传教士利玛窦神父的远征中国史》，桂林：广西师范大学出版社 2001 年版，第 126 页。

② ［意］利玛窦、［比］金尼阁著，何高济等译：《利玛窦中国札记 传教士利玛窦神父的远征中国史》，桂林：广西师范大学出版社 2001 年版，第 120 页。

20 日和 1584 年 5 月 24 日的两次日食），他利用这两次日食观测确定了肇庆的经度和纬度①。

此外，他还向人们证明了太阳大于地球、地球大于月亮等事实。这些科学活动都需要圆锥曲线、球极投影等数学知识做支撑，即与欧几里得平面几何完全不同的"非欧几何"学。

由此可以断定，利玛窦首先在肇庆应用和传播了"非欧几何"的数学知识。他的这些工作在使国人感到惊讶的同时，也大大开阔了人们的眼界，从而推动了中国数学的发展。那么，利玛窦在肇庆都引进了哪些西方的"非欧几何"数学知识呢？

1. 传入椭圆投影

利玛窦在肇庆最早传入的"非欧几何"知识就是当时流行于西方的椭圆投影。他在肇庆之所以能成功地绘制出著名的《山海舆地全图》，把中国的地理位置从边缘地带移至地图的中心，就是因为他掌握了西方椭圆投影的数学知识。

圆锥曲线是古希腊数学家和天文学家的一项重要发现。公元前190 年，以阿波罗尼奥斯的《圆锥曲线论》为古希腊演绎几何的最高成就。其中，椭圆曲线、双曲线、抛物线就是由阿波罗尼奥斯用统一的方式引出并命名的②。

圆锥曲线自从被发现以来颇受人们的赞誉，在中世纪之前就已被广泛地应用到很多领域。而椭圆投影就是椭圆曲线的一种应用，其最大的特点就是将整个地球表面的投影图绘制成一个标准的椭圆。当时的欧洲数学家几乎都了解椭圆曲线以及椭圆投影，并且熟悉它们的性质。

1602 年，中国学者李之藻跟随利玛窦学会了绘制世界地图后，遂将利玛窦在肇庆绘制的《山海舆地全图》放大，然后进行了重新印刷，这就是著名的《坤舆万国全图》，如下图所示。

---

① 张嫣娟：《浅议利玛窦在华测绘的经纬度地图》，《兰州教育学院学报》2010 年第 3 期，第 51～54 页。

② 李文林：《数学史教程》，北京：高等教育出版社；海德堡：施普林格出版社 2000 年版，第 61 页。

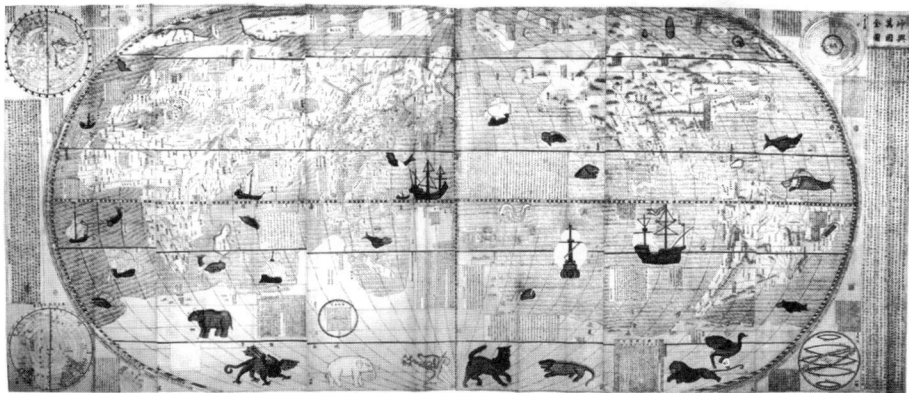

利玛窦和李之藻合作绘制的《坤舆万国全图》

据研究发现，《坤舆万国全图》的周边是一个标准的椭圆，该图采用的应该就是椭圆投影画法。椭圆这种圆锥曲线在中国古代没有人研究和应用，可以断定椭圆投影是利玛窦在肇庆最早传入我国的"非欧几何"数学知识①。

2. 引入球极投影和平行投影

利玛窦在肇庆除了给国人展示世界地图外，还展示过一些相对较为复杂的天文仪器，如星盘和日晷等②。星盘是古代天文学家、占星师和航海家常用来进行天文测量的一种重要的天文仪器，它的用途非常广泛，包括定位，测量天体高度和预测太阳、月亮、金星、火星等天体在宇宙中的位置，确定某地的时间和经纬度等。

星盘的主体是个圆形铜盘，盘的背面安装有一可绕中心旋转的窥管。观测天象时，将铜盘垂直悬挂，人们用窥管对准太阳或恒星，就可以从盘边的刻度上得到它们的高度；在星盘的正面是星图和地平坐标网，星图上只有最亮的星和黄道、赤道，地平坐标网有以天顶为中心的等高圈和方位角；观测者得到太阳的高度后，将当日太阳在黄道上的位置转到观测到的高度圈上，二者交于一点时就可以确定观测到的时间；如果知道了太阳当天的赤纬和中午时的高度，就可以求出观测地的纬度。

① 杨泽忠：《利玛窦与非欧氏几何在中国的传播》，《史学月刊》2004 年第 7 期，第 36 ~ 40 页。

② ［意］利玛窦、［比］金尼阁著，何高济等译：《利玛窦中国札记 传教士利玛窦神父的远征中国史》，桂林：广西师范大学出版社 2001 年版，第 342 ~ 343 页。

航海用星盘

星盘在古代的欧洲和伊斯兰地区非常流行，直到18世纪中叶才被六分仪代替。因此，星盘在欧洲有"数学之宝"的美称。它最早出现在古希腊天文学家塞翁（Theon，约4世纪）的著作中。制作星盘常常需要很多的数学知识，因此，学习星盘制作除了需具备欧氏几何和圆锥曲线知识以外，还必须学习球极投影的知识。

球极投影是起源于古希腊天文学研究的一种数学方法。这种方法的创始人不详，据说是托勒密或是欧多克斯（Eudoxus，前408—前347年）。这种方法的原理是假设球体是透明的，而光线也是沿直线前进的。然后在球的南极（或北极）放置一个投影点，在赤道放置一个平面，让光源向平面发光，这样就可以在平面上看到除南极点之外球面上所有点的投影了。

这种投影的特点是赤道圈的投影和自身重合，赤道以北的半球上的元素投到平面赤道圈的内部；反之，球面上赤道南部半球上的内容投影到平面赤道圈的外部。球面上近北极的点，其投影密集；近南极的点，其投影稀疏。另外，这种投影还有两个重要的

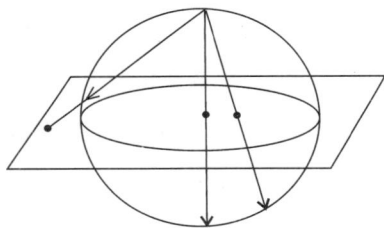

球极投影原理

特性，一个是保圆性，一个是保角性。保圆性就是在投影变化下，球面上任意的不过两极的圆都被投影成一个圆，过两极的经线圈被投影成直线；保角性是指投影时，球面上两个弧线之间的夹角保持不变。由此，它可帮助人们很好地测量和研究天体①。

利玛窦在展示星盘时，很耐心地给人们讲解它的用途，甚至给大家演示如何测量天体。事实上，利玛窦在肇庆向人们介绍星盘原理的过程中，就已经传递了"非欧几何"中的球极投影方法。像瞿太素、李之藻以及徐光启等学者都跟利玛窦学习过星盘的制作技术，自然地

---

① 杨泽忠：《利玛窦与非欧氏几何在中国的传播》，《史学月刊》2004年第7期，第36～40页。

就学习了球极投影。

与此同时，利玛窦在肇庆指导国人制造日晷的活动中，还传播了西方的平行投影等数学知识。日晷是一种古老的利用太阳来计时的仪器，东西方都有，但各有所长。

东方的多是赤道日晷，没有什么投影理论。而西方的多是地平日晷，使用的是"曷捺楞马法"（Analemme）——古希腊人创造的一种专门用来研究宇宙的平行正投影的数学方法。这种方法将投影点设在无穷远点，让光线平行穿过天球，假想在天球中间有一个平面垂直于光线，这样便可画出天球的模样。

赤道日晷

地平日晷

利玛窦在肇庆制作的日晷就是地平日晷，因此，我们也可以断定利玛窦在肇庆就传播了西方平行投影的数学知识。他给肇庆人介绍了许多"非欧几何"的知识和概念、原理和性质，还分别说明了它们的应用等。这些内容丰富了我国数学的研究，为中国近现代数学的萌芽和发展竖立起了永不磨灭的历史丰碑。

此后，利玛窦开始陆续将绘制的中文版世界地图，以铜铁为原料制作的天球仪、地球仪和日晷分别

利玛窦制作的钟表

送给包括总督在内的各个官员。他还在教堂展示了欧洲物质文明其他的一些成果，如钟表、数学计算方法、西洋绘画、浮雕地图、西洋图书、西洋乐器；与此同时，他自己动手制作了中国内地的第一座自鸣钟、天球仪和地球仪，这些成就使他赢得了博学的声誉。

利玛窦在谈到肇庆的数学文化传播活动和科学活动时，曾说过："基督教所获得的崇高尊重，不仅建立在它教义的真理上和它的教士的圣洁生活上，而且也基于一些本身微不足道的小事（指传播西方数学知识以及科学活动）。"

利玛窦在肇庆的科技展览

利玛窦谦恭地称这些为琐碎之事，其实在这些貌似烦琐的事务中，已经隐隐约约包含着利玛窦对未来的憧憬和不同凡响的传教意图；一个富有远见的传教方针（即"适应性传教"）已具雏形，这个传教方针也正是利玛窦在肇庆期间确立和将其提升到最重要的战略地位并开始践行的。

这种完全革新的"间接的辩证法"，正足以从根本上表示自16世纪末至18世纪末在中国的传教事业的真正志趣。毫无疑问，这项功绩应该归于利玛窦，而不是罗明坚或范礼安①。

---

① 沈定平：《明清之际中西文化交流史——明代：调适与会通》，北京：商务印书馆 2007 年版，第 263 页。

三、外来文化，惹是生非遭驱逐

1588 年 4 月，罗明坚被远东视察员范礼安神父派回罗马，主要任务是游说教皇派遣来华使节。由于种种意想不到的原因，罗明坚操劳过度、心力交瘁，不得已退隐到那不勒斯的萨勒诺，在那里度过了他的余年①，再也没有回到中国。从此，利玛窦独自留在肇庆，他不再以罗明坚"助手"的身份存在了，而是作为传教团的负责人，在"适应性传教"的过程中，越来越显示出过人的聪明智慧和才干。

利玛窦讲学

在与官府频繁的交往中，利玛窦结识了后来在朝廷中荣任高官的一些人，如兵部侍郎徐大任、南京总督滕伯轮、贵州总督郭子章（郭青螺）、湖广总督蒋之秀、南雄知县王应麟、钟万录等人②。他们在以后的岁月里，都给予了利玛窦或多或少的帮助。

汤显祖像

利玛窦为了能在中国居住和传教，便结交官府和权贵人士以求得人身安全保护；同时，他也广泛接触知识分子，在精神上寻找融入中国社会的共同语言以保证"适应性传教"策略的顺利实施。他通过讲解西方的科学吸引知识分子而与其成为朋友，再借助知识分子获得民众的信任。

据记载，利玛窦在肇庆期间曾与中国戏剧祖师汤显祖有过倾心交往。1591 年，汤显祖因上书《论辅臣科臣疏》而被贬

---

① ［意］利玛窦、［比］金尼阁著，何高济等译：《利玛窦中国札记　传教士利玛窦神父的远征中国史》，桂林：广西师范大学出版社 2001 年版，第 145 页。

② 沈定平：《明清之际中西文化交流史——明代：调适与会通》，北京：商务印书馆 2007 年版，第 272 页。

到广东雷州半岛的徐闻县做典史。万历二十年（1592 年）7 月，利玛窦带着石方西神父乘船从韶州重返肇庆听候复审韶州教堂被袭击案。在友人的帮助下，利玛窦有缘与途经肇庆北上浙江遂昌做知县的汤显祖相见。一个是学识丰富、涵养深邃的天主教士，一个是才华横溢的诗人、戏剧家。西江之畔，两位大儒经纬纵横，谈天说地，越谈越投契。从天主教谈到佛教，又从道教谈到儒教，堪称中西文化的一次友好的交流，也成了中西文化交流史上的一段佳话。

而学者宋黎明认为，利玛窦与汤显祖应该是 1592 年春天在韶州会面的（这有待专家进一步考证），并且汤显祖还作诗《端州逢西域两生破佛立义，偶成二首》来描述利玛窦以及同伴①。

第一首诗曰：

> 画屏天主绛纱笼，碧眼愁胡译字通。
> 正似瑞龙看甲错，香膏原在木心中。

第二首诗曰：

> 二子西来迹已奇，黄金作使更何疑。
> 自言天竺本无佛，说与莲花教主知。

由于中西方文化的差异，利玛窦等人在肇庆的传教活动并非一帆风顺。从获准在肇庆居住开始，利玛窦就察觉到存在着反对他们安顿的势力。建造住宅时，他们遭到监督官的反对和刁难，迫使他们放弃了原先划定给他们的那块地，而选择了另一块地皮②。

安顿下来后，神父们又常常受到肇庆民众的仇视和滋扰，房屋经常被作为投掷石头的目标，最严重的一次，石块袭击演化成了一场对教士们的法律诉讼。在他们竭尽全力平息各种责难之际，又卷入了另

---

① 宋黎明：《神父的新装——利玛窦在中国（1582—1610）》，南京：南京大学出版社 2011 年版，第 69～73 页。

② ［意］利玛窦、［比］金尼阁著，何高济等译：《利玛窦中国札记 传教士利玛窦神父的远征中国史》，桂林：广西师范大学出版社 2001 年版，第 115 页。

一桩严重的诈骗指责，真是一桩困难的结尾看来只是另一桩不幸的开端。除了教堂几次被盗窃和被暴徒袭击抢劫外，教士们还常常被指控犯有严重的罪行。可以说，肇庆成了利玛窦"适应性传教"的一个试验场地。

由于民众对天主教的外在排斥，以及国人把对葡萄牙等西方殖民者的愤怒情绪都发泄到传教士身上，肇庆官府也由原来的支持和保护利玛窦等传教士，转变为对他们的粗暴驱逐，这是利玛窦如何克制和容忍也无法遏制的。虽然在一次广州耆宿老人阶层对传教士的联名控告中，利玛窦凭借他的胆略和才干"一劳永逸地而又巧妙地结束了这场特殊的而且肯定是危险的事件"[1]，但是，葡萄牙和西班牙殖民者在中国沿海和邻国的非法行径和不良名声，也使得肇庆的地方官府提高了对利玛窦等传教士的警惕。

新上任的两广总督刘继文集聚军队，准备对沿海的外国殖民掠夺者开战，他担心利玛窦等人为"佛朗机"（国人对西方殖民者的俗称）通风报信，便找了种种借口将利玛窦等人从两广总督府的所在地肇庆府驱逐到韶州府[2]。

1589 年上半年，刘继文责令利玛窦等人离开肇庆，由澳门遣返回国。利玛窦迅速派遣使者去澳门向远东视察员范礼安报告，得到的答复是"保不住肇庆的住所的话就返回澳门，不要接受另一个驻地的安排"。利玛窦不肯轻易放弃在中国内地所取得的传教成果，利用替官府采购商品的机会，专程赴澳门说服范礼安，使其同意他们离开肇庆后到别处开辟传教据点[3]。

8 月初，当刘继文强制驱逐传教士时，利玛窦就此请求前往南雄居住，因为南雄靠近江西省，由此去北京更加便利（这是利玛窦的梦想）。不过，刘继文还是建议他先到韶州或韶州的南华寺居住，并将

韶州通判吕良佐（又一说法是刘承范）介绍给利玛窦，嘱咐其照顾和保护好利玛窦。

万历十七年（1589 年）8 月 15 日，那一天正是圣母升天节。利玛窦等人惜别生活了 6 年的肇庆，结束了在肇庆因受滋扰而备受煎熬和飘忽不定的日子。他怀着酝酿已久的觐见皇帝的梦想和取得的初步传教成果，揣着一颗教团负责人的雄心，乘船沿着北江逆流而上，踌躇满志地向韶州府和更高的目标进发①。

由此可见，利玛窦在肇庆围绕着传播天主教的主题，虽然采用了"适应性"做法，并传播了西方的科学和技术以及西方的数学知识，比如制作钟表、刻印中文版的世界地图、展示西洋书画、制造科学仪器、传播"非欧几何"等，但这仅仅是为了传教所采取的必要手段，并没有达到实质性的"中西文化交流"的层面。

然而，利玛窦在肇庆长达 6 年的时间里，对中国数学的近现代化却做出了杰出贡献。利玛窦除了带来欧洲文艺复兴的成果和西方的数学知识外，更系统全面地学习了中国传统文化并且研究了中国的传统数学，开启了中西数学文化交流的历史新篇章。

利玛窦在肇庆传入的近代欧洲数学概念、"非欧几何"知识、世界地图、西洋乐理以及钟表制作技术等西方文明，使中国人的世界观从以自我为中心开始转变为认识到世界是一个圆球，更为明朝末年走向衰落的中国古代数学注入了新的活力。

2004 年 12 月 30 日，全球四分之一的顶尖华裔数学家云集广东肇庆学院，在举行的与肇庆市教育界、科技界人士的见面会上，享誉全球的杰出华人数学家、国际数学界最高奖——菲尔兹奖获得者、美国哈佛大学教授丘成桐先生一语惊人，提出了"中国现代数学起源于肇庆"的重要命题。丘成桐先生认为，"400 多年前，被誉为'沟通中西文化第一人'的利玛窦把现代数学引进了中国，而他就是在肇庆开始传播欧几里得《几何原本》等西方数学著作的。因此，从某种意义上

---

① 沈定平：《明清之际中西文化交流史——明代：调适与会通》，北京：商务印书馆 2007 年版，第 274 页。

岭南文化书系

利玛窦：中西数学文化交流的使者

058

说中国现代数学起源于肇庆"。我们认为丘成桐先生的这一判断是正确的，应当引起数学界的高度重视。

华裔数学家欢聚肇庆学院

第四章　蛰居韶州潜心治学

韶州（今韶关）位于广东粤北地区的浈江与武江交汇处，它置于三国，兴于隋唐，是广东省著名的军事重镇和交通枢纽，是从岭南去南京和北京的必经之地。明嘉靖二十六年（1547 年）间，韶州府曾在武江边（西河）开设税关（名曰遇仙桥关）；清康熙九年（1670 年）间，又将原设于南雄的太平关移到韶州浈江边，之后又在城北门外增设旱关，韶关之名即由此而来。明清时代，韶州府是"帝国中南的'咽喉'要道"，在岭南地区发挥着重要的作用。

自从踏上中国大陆的那一刻起，利玛窦便念念不忘要进入北京，完成范礼安赋予他的觐见万历皇帝的首要任务。因此，韶州府正是他理想的暂时栖身地。

一、粤北风情，点燃西泰新希望

韶州对于利玛窦传教团来说，既是充满希望的据点，又是精神和身体遭受创伤之地。他对韶州的感情是复杂的，准确地说是悲喜交加的。然而，作为虔诚的天主教徒和严谨的学者，他对韶州的描述也是非常客观和充满感情的，他是第一个把韶州详细介绍给西方世界的外国人。

从地理和气候上而言，利玛窦描述的韶州城坐落在两条通航的河流之间，一条河流经南雄到江西，另一条河流通往湖广省。城池围囿于一个小岛上，用浮桥与两条河的对岸连接起来。16 世纪后半叶，韶州大约有五千户人家，土地肥沃且盛产稻米和水果，肉、鱼、新鲜蔬菜也很充足，就是气候不良。每年的 8—12 月，韶州就流行"三日热（疑为瘴病）"或疟疾，有三分之一或四分之一的居民染此疾病且死亡

率极高。利玛窦到达韶州没有多久，便有两位传教士染上此病且情况严重，其中麦安东神父差点丧命。可见，利玛窦并不喜欢韶州的气候。

在对韶州传教团的投入上，澳门的远东耶稣会不惜代价给予了支持。1589 年 9 月 25 日，在澳门的远东视察员范礼安先是派遣使者来韶州，用充满慈父抚爱的信函激发利玛窦他们在新地点对事业的激情；之后，将两名受到良好教育的年轻人（钟鸣仁和黄明沙）派到韶州，协助韶州传教团的工作；最后，范礼安还把两名葡萄牙籍传教士苏如汉、罗如望从印度召来，增加韶州的传教力量，使得韶州传教团的规模达到 10 人左右。

应该说，利玛窦和澳门的耶稣会传教团对于韶州传教据点充满了希望并且是信心百倍的。利玛窦"深刻地察觉到在肇庆的经验和使他们受到教训的类似的以往的经验，他们在短期内就有了长足的进步……看来上帝为了他们的名字的更大的光荣，为了基督传教团有更大好处，才允许他们过去饱经艰辛"①。从这里可以看出，对于选择来韶州以及在韶州初期的工作，利玛窦还是自我感觉相当良好和满意的。

也许是肇庆的西洋式天主教堂建筑过于华丽以及展览西洋奇器的做法过于张扬，西方传教团引起了某些官吏的嫉妒和部分民众的猜疑，利玛窦到韶州以后便处处低调行事。他千方百计地"避免产生豪富名声的行为或制造'拥有超出所能给予'之假象"，他甚至"不显露任何贵重物品，连银质圣爵都不拿出来使用"。②

1. 在韶州安家落户

1589 年 8 月，利玛窦与麦安东等人来韶州时，便被韶州的副长官安排到南华寺。与其说是优待利玛窦，倒不如说副长官（通判）吕良佐的确将利玛窦当作僧人来对待了。因为利玛窦当时身穿僧人的袈裟，传播天主教时也经常用佛教的词汇来解释，使人感觉他们是西方来的僧人。

鉴于天主教与佛教信仰迥然不同，利玛窦向副长官表达了不想住在南华寺的意愿，他费了很大力气才向副长官解释清楚天主教与佛教

① ［意］利玛窦、［比］金尼阁著，何高济等译：《利玛窦中国札记 传教士利玛窦神父的远征中国史》，桂林：广西师范大学出版社 2001 年版，第 172 页。

② 沈定平：《明清之际中西文化交流史——明代：调适与会通》，北京：商务印书馆 2007 年版，第 276 页。

的不同之处，只在南华寺参观了一下就向韶州出发。由于韶州城的条件不错，所以利玛窦决定在此定居，而不再前往南雄。他们在寻找地方修建房屋时，暂时寄居在西河的光孝寺里，并被劝告用 80 个金币买下光孝寺附近的一块空地修建住宅和建立天主教堂①。

在韶州的寓所

1589 年 10 月 4 日，韶州的住所动工兴建。住所的房子没有设计楼阁，样子几乎完全是中国式的，只有小教堂面积大些，希望能容纳相当多数量的教徒。同时，范礼安慷慨地给韶州传教团配备物资，并且还亲自来到韶州进行视察和慰问②，以至于在很短的时期内，韶州传教团就已备齐继续工作所需的所有东西。1589 年秋，教堂建成后利玛窦等人在这里安顿了下来，韶州便成为利玛窦在中国传教的第二个立足点。

在建造韶州的住所的问题上，利玛窦一改罗明坚在肇庆的做法。韶州的官员希望他们建造一座像肇庆的教堂一样的西式教堂，以给韶州城增光。但是，为避免敌意的指责和被当地老百姓认为是外国人的堡垒，也为了防止官员们在室内举行宴会，利玛窦选择了中国式的建筑格局，窗户开向后园，背后有片小树林可供休憩。这座天主教堂和所有西欧的天主教堂都不相同，只有一层楼，看上去几乎认不出它是天主教堂，这令韶州知府颇感失望③。

2. 寻求官府的保护

在人文环境方面，利玛窦得到了韶州府官员的关心和照顾。韶州副长官吕良佐客气地用自己的船把利玛窦从肇庆接到韶州，并且总是很慎重地处理传教团在韶州的事务。在吕良佐的影响下，韶州的官员以及附近的显贵人物对利玛窦表现得比肇庆的官员更为彬彬有礼，许

---

① ［意］利玛窦、［比］金尼阁著，何高济等译：《利玛窦中国札记 传教士利玛窦神父的远征中国史》，桂林：广西师范大学出版社 2001 年版，第 170 页。
② ［意］利玛窦、［比］金尼阁著，何高济等译：《利玛窦中国札记 传教士利玛窦神父的远征中国史》，桂林：广西师范大学出版社 2001 年版，第 179 页。
③ 沈定平：《明清之际中西文化交流史——明代：调适与会通》，北京：商务印书馆 2007 年版，第 276 页。

多人很快和利玛窦成了好朋友，比如学者瞿太素、兵备道邓美政、韶州新任知府谢台卿、曲江知县刘文芳、南雄知府黄门以及英德知县苏大用等①。

在韶州的 6 年间，利玛窦完全隐藏了他的传教意图。事实上，利玛窦将韶州作为天主教的第二个居住地是为其进入北京做准备的。他们小心翼翼，不主动大张旗鼓地传教。明末最"离经叛道"的学者李贽（李卓吾）和利玛窦交往颇深，他理解利玛窦带来的西方基督教文化和思想，却对利玛窦远涉重洋的动机大惑不解："但不知到此何为，我已经三度相会，毕竟

李贽像

不知到此何干也。意其欲以所学易吾周孔之学，则又太愚，恐非是尔。"（《续焚书》）李贽揣测利玛窦来华的本意是用其"西学"来取代中国的"孔学"，其实已经说到点子上了。

3. 去英德、南雄旅行

到韶州府之后的第 3 个年头，即万历十九年（1591 年）正月初一，利玛窦正式接纳钟鸣仁、黄明沙两名青年加入耶稣会，他们两人在韶州度过望道期，成为第一批中国耶稣会士。

这年的初夏，经英德知县苏大用的多次请求，利玛窦带着瞿太素等人前往英德县，为其父亲解说天主教义和神迹，顺便游览了英德县碧落洞村的美丽洞窟——碧落洞。

碧落洞位于英德县境内（今广东省清远市），为一石灰岩溶洞，生成于两亿多年前，经过 3 次地壳上升运动和长时期的地下河水侵蚀冲刷，形成了大型石灰岩溶洞。碧落洞有前后两个洞口并且互相贯通，溪流淙淙、清澈见底。

英德碧落洞

其一洞口上方 20 米处，刻隶书"碧落洞" 3 个字；另一洞口上方 10 米处，刻"碧落云天" 4 个大字。洞内有古代石刻作品遗迹，如唐人周夔的《到难篇》、记述南汉皇帝刘晟（928—958 年，942—958 在位）在碧落洞中借宿的传说的《碧落洞天云华御室记》等 60 余篇。

碧落洞悬石奇特，鬼斧神工：洞内清泉映石，钟乳垂锥，水珠碧落；洞外峰峦叠嶂、翠竹摇曳、幽静如画，令人流连忘返。利玛窦结交了身居显赫官职的巡阅官，品味了清冽的山泉和鱼虾，欣赏了宴会上的音乐舞蹈和喜剧，给人们的印象与其说是去英德传播天主教倒不如说是去英德旅行①。

万历二十年（1592 年）正月，利玛窦受到南雄富商葛盛华的邀请，在瞿太素的陪同下来到南雄府。利玛窦在瞿太素的家里与地方官员一一接触后，就搬到葛盛华家去住，以便更好地进行传教活动。他除了与官员打交道外，也与平民百姓交往，宣讲教义和做弥撒，吸引了很多人。特别是葛盛华入天主教后，刊印的各种介绍天主教义的小册子广为散发，扩大了利玛窦传教活动的影响。他还考察了南雄的地理环境，为后来通过梅岭古道进入江西省做了准备②。

二、审时度势，儒家思想入欧洲

韶州是利玛窦在中国的第二个定居点，也是他在中国传教的转折点。在韶州生活期间，发生了几件大事，深深影响了利玛窦的思想，

---

① ［意］利玛窦、［比］金尼阁著，何高济等译：《利玛窦中国札记　传教士利玛窦神父的远征中国史》，桂林：广西师范大学出版社 2001 年版，第 176 页。

② ［意］利玛窦、［比］金尼阁著，何高济等译：《利玛窦中国札记　传教士利玛窦神父的远征中国史》，桂林：广西师范大学出版社 2001 年版，第 184 页。

迫使他重新考虑在中国的传教方式。

1. 韶州居民的反教活动

1591 年春节，麦安东神父离开韶州前去澳门。利玛窦于新年之际，在教堂展出一幅从墨西哥运来的圣母、耶稣及圣约翰画像，并以此为契机向韶州居民传教。但当地居民却不认同天主教义，认为在中国传统节日时展出此画有悖风俗习惯。于是，便发生了教堂被邻居夜袭事件，几个仆人也受到了粗暴的凌辱。

1592 年 7 月，石方西神父刚到韶州不久，一伙年轻人借着邻居婚礼上的酒力，来到利玛窦的住所闹事，以发泄平时对西洋人的怨恨。他们明火执仗，重伤两三个仆人，用斧头砍伤石方西神父的额头。利玛窦从一扇小窗户跳到了小花园求救时，也崴到脚踝受了重伤。虽然官府要治首犯者死罪，但利玛窦还是出于仁慈宽恕了他们①。

2. 利玛窦转变传教策略

此类事件发生后，利玛窦开始认真考虑应该采取什么方式来传播"福音"。首先，他极力撇清与佛教僧人的关系，不再以聚众布道为主，也不以发展教徒为目的，也就是说，不再随随便便地吸收普通百姓为教徒。其次，他将在肇庆采取的一些做法进行了理论化和规范化。

他继续尝试展出或制造欧洲的精巧奇器和科学仪器来吸引韶州的达官贵人和士绅以便得到他们的认同；继续与府治官员保持良好的关系以寻求人身庇护；安心静神过起了几乎隐居的修道生活以学习中国的典籍精髓；收徒讲学、著书立说以扩大西方文明和天主教文化的影响；与澳门教区保持密切联系，在重大问题上及时请示远东视察员范礼安以取得赞成或谅解，严格按照澳门的指示进行教务活动。

所有这些行动表明，利玛窦逐渐改变了在肇庆时的以宗教传播为主、适应性活动为辅的传教方法，而实行了在潜心治学的同时寻找接近民众最佳切入点的学术传教策略。这种主次的变化，预示着利玛窦将范礼安制定的学术传教策略进行了具体化和系统化。与在肇庆时的传教做法相比，大有退一步进十步之势。

①　［意］利玛窦、［比］金尼阁著，何高济等译：《利玛窦中国札记　传教士利玛窦神父的远征中国史》，桂林：广西师范大学出版社 2001 年版，第 187 页。

3. 韶州易服，从"西僧"到"西儒"

利玛窦初来韶州时仍以西僧自居，剃光头着僧服。1590 年，利玛窦奉范礼安之命起草一封以教宗名义致大明皇帝的信札，其中亦称教宗哂师嘟五世（Sixtus V）乃居住在"天竺国"的"都僧皇"，因期盼能传"天主正教"，"推广慈悲，普济世人"，特遣"博雅儒僧"四处扬教，并派"德行颇优，儒文宏博"的"上僧"等 4 人入华，希望明万历帝能对此四僧"给有札牒，沿途迎送，以华其行"。

利玛窦写的信函虽不忘在适当机会以"儒"字来形容传教士的学问，但亦屡屡借用佛教的惯用语，而其自称为天竺国之僧的做法，更容易使人将天主教与佛教混淆。后来在与瞿太素的交往中，利玛窦逐渐认识到"以往见官必跪，恭顺备至，却总被帝国官员轻视，主要原因是将自己等同于佛教僧侣，佛教虽然信徒众多，而僧侣在中国的社会地位最卑微"[①]。

利玛窦开始认真研究不同宗教之间的信仰和习惯的差异。他发现中国的"儒释道"三教中，儒家学说在中国思想领域里占有绝对的统治地位，儒士是登上"仕"的台阶，儒士阶层也是左右中国政治的权力阶层。而儒士的身份取决于自身的受教育程度，耶稣会士个个受过高等教育。因此，以儒士自居是传教士们最合适的方式。

利玛窦和郭居静改僧为儒

---

① 朱维铮：《走出中世纪》（增订本），上海：复旦大学出版社 2007 年版，第 85 页。

利玛窦此时深感只有尊重儒家学说，附以儒家弟子的身份，才能取得上层阶级和百姓们的尊重、理解与支持。对于这个问题，1592 年利玛窦向远东视察员范礼安进行了说明和请示。范礼安经过认真思考并征求澳门主教路易斯·塞尔克拉的意见后，于 1594 年 7 月 7 日派郭居静到韶州参加教团工作，同时带来有关更换服饰、改穿儒家学者服装的授权①。从此，利玛窦及其他在韶州的传教士戴儒冠、着儒服、见客时执儒生和秀才礼仪，融入了

韶州易服

中国社会。根据收藏于意大利马切拉塔艺术学院的"利玛窦儒服"图片来看，他头戴四方平定巾，属于当时"儒士生员监生"的冠制；身穿似紫近黑的长袍，当属明代进士官袍。虽然冠与袍搭配得不伦不类，但是透出了与中国儒生有别的"西儒"风度②。

此时的利玛窦蓄须留发，穿着打扮俨然如中国秀才，走到哪里都文质彬彬。当利玛窦向韶州知府引见郭居静神父时，知府谢台卿第一次以秀才礼节待之。从此以后，其他官员接见他们也都如此。在中国人心目中，利玛窦成了从西方来的"泰西儒士"。

4. 殚精竭虑，翻译"四书"

在韶州期间，利玛窦花费了相当多的时间和精力对中国古代儒家思想进行研究和学习。他研读中国经典书籍，练习中国书法，了解中国民俗，并把中国文化介绍到欧洲，为进一步有效地传教打下基础。他在一位饱学孔孟之道的秀才的指导下，一天两次奋力阅读他所不能完全看懂的书籍，甚至还用中文作文。

① ［美］邓恩著，余三乐、石蓉译：《从利玛窦到汤若望——晚明的耶稣会传教士》，上海：上海古籍出版社 2003 年版。

② 朱维铮：《走出中世纪》（增订本），上海：复旦大学出版社 2007 年版，第 86 页。

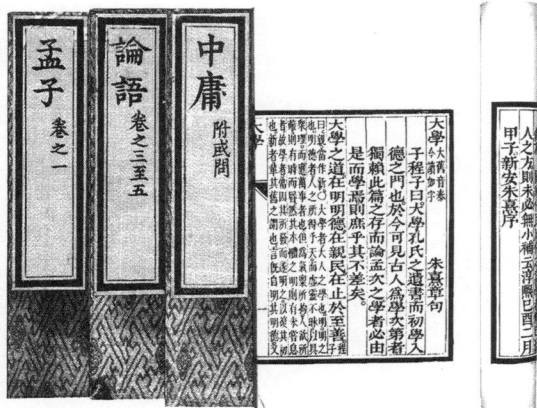

儒家经典"四书"

1591 年，利玛窦制订了一个攻读"四书"（《论语》《孟子》《中庸》《大学》）的计划，为了便于其他传教士学习中文，利玛窦用拉丁文翻译了"四书"，还加上许多注释作为来华新传教士学习中文的读本，那时他年仅 39 岁①。1593 年 12 月 10 日，利玛窦已经译完"四书"中的 3 部（《大学》是次年译完的，罗明坚在欧洲也发表了其中一段的内容）。1594 年利玛窦把"四书"的拉丁文译本全部寄回了意大利出版，利玛窦成为最先完整编辑中国儒家经典书籍，并附以详细注释的西方人。

注：罗明坚返回欧洲后，于 1593 年在罗马出版的《百科精选》一书中发表了《大学》的部分译文。尽管罗明坚只翻译了《大学》的一段，其译文在对儒家思想的理解上也存在一定偏差，但意义却十分重大，并且罗明坚也成为翻译儒家经典较早的欧洲人之一。

1659 年，耶稣会士柏应理（Philippe Couplet，1623—1693 年）与郭纳爵（Lgnace da Costa，1599—1666 年）、殷铎泽（Prosper Intorcetta，1625—1696 年）等人也用拉丁文翻译了《大学》和《论语》的前五章，起名为《中国箴言》。

1671 年，殷铎泽在返回罗马的旅途中翻译了《中庸》，

① ［美］史景迁：《利玛窦传——利玛窦的记忆秘宫》，西安：陕西人民出版社 2011 年版，第 150 页。

书名定为《中国的政治道德学》，书中内容还包括《孔子传》；在《中国箴言》和《孔子传》的基础上，产生了柏应理的代表作《中国哲学家孔子》一书。值得注意的是他们对《大学》《中庸》《论语》的翻译并没有忠于原文含义，而是从天主教的角度重新做了说明。

利玛窦于1593年12月10日写给总会长阿夸维瓦的信中说：今年我们都在研究中文——是我念给目前已经去世（11月5日）的石方西神父听，即"四书"，这是一本良好的伦理集成，今天视察员神父要我把"四书"译成拉丁文，此外再编一本新的《要理问答》。这应当用中文撰写，我们原先有一本（指罗明坚所编译本），但效果不理想。此外翻译"四书"，必须加写短短的注释，以便所言更加清楚。托天主的帮忙，我已经译妥三本，第四本正在翻译中。这些翻译以我的看法，在中国与日本，对我们的传教士十分有用，尤其在中国最为然。"四书"所述的伦理犹如第二位赛尼卡的作品，不次于古代罗马任何著名作家的作品。

继翻译"四书"之后，利玛窦还用中文写了《交友论》和《西国记法》（在南昌撰写），得到了文人墨客、官员的欣赏；重新出版了《山海舆地全图》（在南京绘制），向大家宣传新的地理知识；到北京后，利玛窦把更多的欧洲科学书籍译成中文，将中国文化源源不断地介绍到了西方。

16—17世纪，中国的儒家思想相继传到欧洲后，被加以重构成为启蒙思想家的素材直接影响着欧洲的思想界，并且使莱布尼茨、伏尔泰、孟德斯鸠等启蒙思想家和百科全书派的大师大受其益，一致认为中国是理想的乐园。在欧洲，几乎所有中等以上城市，都可以见到利玛窦等耶稣会士不时刷新的《东方书简》。正如赫德逊所说，18世纪欧洲在思想上受到

伏尔泰像

孔子像

的压力和传统信念的崩溃，使得天主教传教士带回的某些中国思想在欧洲的影响超过了天主教在中国的影响。有"欧洲孔子"之称的法国重农学派的创始人弗朗斯瓦·魁奈（Francois Quesnay，1694—1774 年）认为中国的《论语》"讨论善政、道德及美事，此集满载原理及德行之言，胜过希腊七圣之语"①。

而法国思想家伏尔泰（Voltaire，1694—1778 年）对中国更是推崇备至，他称赞中国是世界上最优美、最古老、最广大、人口最多却治理得最好的国家。在伏尔泰的眼中，孔子甚至比耶稣还伟大。他甚至还幻想建立一种"理性的宗教"，其楷模就是中国儒教。

利玛窦在韶州坚持走上层社会的传教路线，同时采取了主动入乡随俗的"适应性传教"策略，并将范礼安的"适应性传教"策略引申为"易佛补儒""合儒"和"补儒"，最后达到"超儒"的境界，这是他获得成功的秘诀所在。因此，利玛窦的"韶州易服"行动不仅仅是外表和服装的变化，还彻底改变了他以后在中国的传教思想，也为天主教在中国的"学术传教"策略奠定了理论基础，更成为18 世纪欧洲文化史上的一段重要历史——"中国文化热潮"的前奏。

对于这股热潮，当时的法国著名作家格利姆（Grimn）有一段十分生动的见解：

在我们的时代里，中华帝国已成为特殊注意和特殊研究的对象。传教士的报告，使公众为之神往、哲学家们利用其中的材料来改造本国的各种弊害。因此，在短期内，这个国家（指中国）就成为智慧、道德及纯正宗教的产生地。它的政体是最悠久而最可能完善的；它的道德是世界上最高尚而完美的；它的法律、政治，它的艺术事业，都同样可以作为

---

① 朱大锋：《"利玛窦规矩"与明末清初的中西文化交流》，《兰台世界》2009 年第 7 期，第 38～39 页。

世界各国的模范。

由此可以看出利玛窦对中西文化交流的影响之大。

三、授徒讲学，传西方数学文化

在韶州府居住期间，利玛窦收的第一个学生就是学者瞿太素（瞿汝夔）。瞿太素是江苏常州人氏，由于不愿意在朝廷为官而浪迹天涯。1589 年 4 月，瞿太素在肇庆第一次见到了利玛窦，而当时利玛窦正在为受到驱逐之事烦恼和奔波，也无暇与瞿太素做深入的交流。1589 年 10 月，瞿太素"听说神父们是在韶州时，他就去拜访他们……他请求利玛窦收他做学生"，并且按照当时的风俗，身穿传统的礼服，奉送贵重的绸料为礼，邀请利玛窦到他家里吃饭，正式拜利玛窦为师①。

1. 利玛窦与瞿太素合译《几何原本》第一卷

瞿太素聪明好学，他师从利玛窦由学习数学入手并旁及其他学科。利玛窦以恩师克拉维乌斯的著作为教材，先教给瞿太素欧洲的实用算术，后教星盘原理和球极投影知识，最后教欧几里得的几何学知识。瞿太素跟着利玛窦系统地学习了两年的算学、欧几里得平面几何学、象数之学（将数学的原理应用到实践中，即用符号、形象和数字推测宇宙变化）、语言学、逻辑学、物理学及天文学等。

两年之中，瞿太素不知疲倦地学习着那些对他来说新奇的东西，还自己动手制作了诸如地球仪、天球仪、六分仪、测像仪、星盘、罗盘、象限仪、日晷等仪器，这些仪器有木制的、铜制的，还有银制的，他以此受到了朋友们的尊敬②。

利玛窦向中国传播的经典的西方文化中，价值最大的莫过于与徐光启合译的欧几里得《几何原本》。那么这本译著有什么价值呢？中国古代有句谚语"鸳鸯绣出从君看，莫把金针度于人"。这句谚语的意思是做出来的产品可以给世人看，但不会把制作方法告诉世人。而《几何原本》的价值恰是"金针度人"，就是将解决问题的方法教给世人。

---

① ［意］利玛窦、［比］金尼阁著，何高济等译：《利玛窦中国札记 传教士利玛窦神父的远征中国史》，桂林：广西师范大学出版社 2001 年版，第 173 页。

② ［意］利玛窦、［比］金尼阁著，何高济等译：《利玛窦中国札记 传教士利玛窦神父的远征中国史》，桂林：广西师范大学出版社 2001 年版，第 174 页。

关于翻译《几何原本》这项课题，其实瞿太素早已在韶州做过了深入的研究。在《利玛窦中国札记》中是这样记录的：

> 他（瞿太素）从事研习欧几里得的原理，即欧氏的第一书（卷）。他（瞿太素）很有知识并长于写作，他运用所学到的知识写出一系列精细的注释……他（瞿太素）日以继夜地从事工作，用图表来装点他的手稿。……当他把这些注释呈献给他的有学识的官员朋友们时，他（瞿太素）和他所归功的老师（利玛窦）都赢得了普遍的、令人艳美的声誉。

由此可知，利玛窦和瞿太素在韶州已经译出了《几何原本》第一卷，但没有出版，仅仅在学者之间作为被谈论和被赞美的事物。

虽然如此，此番工作的意义也非同小可。因为利玛窦的第二个学生张养默曾无师自学了欧几里得的第一卷，以至于张养默向利玛窦请教几何学问题时认为"以教授数学来启迪中国人将足以达到他（利玛窦）的传教目的了"①。

张祖林认为，张养默自学的《几何原本》第一卷，很可能就是瞿太素此前在韶州给出注释的那个译本（第一卷）②，而张养默不断地向利玛窦请教几何学问题，或许是想要将《几何原本》接着翻译下去，但由于种种原因而没有实现。

利玛窦到达北京之后，徐光启建议他翻译和刻印一些有关欧洲科学的书籍，他立刻指出："中国人最喜欢的莫过于关于欧几里得的《几何原本》一书，原因或许是没有人比中国人更重视数学了。"利玛窦还告诉徐光启"此书未译，其他书俱不可得"③。

至此《几何原本》便成为利玛窦与徐光启合作翻译出版的最著名的一本西方数学科学著作。

在中国传教期间，除《几何原本》外，利玛窦还独撰或与中国学

---

① ［意］利玛窦、［比］金尼阁著，何高济等译：《利玛窦中国札记 传教士利玛窦神父的远征中国史》，桂林：广西师范大学出版社 2001 年版，第 247 页。
② 张祖林：《论〈几何原本〉在中国的传播及意义》，《华中师范大学学报》（自然科学版）2000 年第 2 期，第 245～250 页。
③ 徐宏英：《利玛窦与〈几何原本〉的翻译》，《青岛大学师范学院学报》2008 年第 2 期，第 50～53 页。

者合作翻译了多部西方数学天文学著作，流传至今的有《浑盖通宪图说》《乾坤体义》《圜容较义》《测量法义》《同文算指》和《理法器撮要》等①。

因此，真正意义上的"中西方数学文化交流"，肇始于利玛窦在韶州传播的西方数学和系统地向西方传播的中国儒家经典。至于在肇庆度过的 6 年时光里所做的工作，顶多算得上是在应用的层面传播了西方的数学，而没有像在韶州那样，系统地进行西方数学理论的传播以及将中国传统文化向西方推介。

2. 实地考察，用西方数学知识解决应用问题

中国和西方的古代数学在实际中的应用，基本上都是从天象观测以及对农业和畜牧业的需求入手的。在四季交替的节气测量上、农耕土地的丈量问题上以及集市贸易、天文历法、地理测算等方面，中西方国家的祖先们都发明了自己独特的计算方法。

中国古代数学和欧洲数学的应用之比较

利玛窦来到中国以后，在肇庆、韶州和北京传播了当时流行于欧洲的"非欧几何"和"欧氏几何"的理论知识，主要有圆锥曲线、平行投影、球极投影、椭圆投影、画法几何和透视法以及平面几何等，同时，他也将欧洲的数学计算与应用技术引入了中国。

① ［意］利玛窦著，朱维铮主编：《利玛窦中文著译集》，上海：复旦大学出版社 2007 年版，目录页。

最有名的应用案例就发生在韶州。利玛窦用西方三角学中的正弦定理测量了韶州皇岗山（位于韶关市郊区）的山顶到其教堂的距离。

韶州（今韶关）皇岗山

明朝万历年间，广东韶州府同知刘承范曾在其撰写的《利玛窦传》中如下记载曰[①]：

> （利玛窦）又有浑天仪二，一以测天，一以测地，一以测山川河海。如云天有九重，自第一重至第二重，该若干度，算若干里。自某国至某国，该若干度，算若干里。馀皆执至，以坐照之。吾初未甚信。因指所对皇岗山，而命之曰："汝试度寺门至山顶，相几何？"僧执仪而睨视之曰："若干，若干。"乃命左右取麻线数缕，牵至山顶，以僧所定步弓较之，无毫发爽。

用白话文解释就是说：利玛窦有两个浑天仪，可以用来测天、测地、测山川河海……刘承范一开始并不十分相信，于是就指着对面的皇岗山，让他测量从教堂住所门口到皇岗山山顶的距离。只见利玛窦手拿着浑天仪进行了测量，然后说出了长度。于是刘承范就叫随从拿了几缕麻线由教堂住所门一直牵到山顶，按照利玛窦所说的长度去比较，居然没有一丝一毫的差错，太准确了。

---

① 黎玉琴、刘明强：《利玛窦史海钩沉一则》，《肇庆学院学报》2011 年第 4 期，第 1~5 页。

按照以上描述，假设皇岗山（D 点）以及山顶（A 点）到教堂（C 点）形成如下图形。利玛窦在 B 点和 C 点测量了两次仰角的角度，以及两次测量点（B 点和 C 点）之间的距离，根据正弦定理（使用现代的计算符号）就可以得出所要的结论。

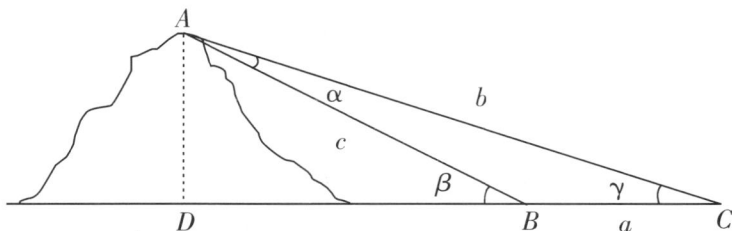

测量韶州的皇岗山

如图，已知 $a = BC$、仰角 $\angle\beta$、仰角 $\angle\gamma$ 可以测量出来，$b = AC$ 是未知的量，B 点和 C 点是利玛窦两次测量时的位置（C 点也是教堂位置），而 $\angle\alpha = \angle\beta - \angle\gamma$，$\angle ABC = 180° - \angle\beta$，而仰角的正弦值可以通过查阅正弦函数表得到①。

则根据正弦定理知：$\dfrac{a}{\sin\alpha} = \dfrac{b}{\sin\angle ABC}$，

即：$b = \dfrac{a \times \sin(180° - \beta)}{\sin\alpha} = a \times \dfrac{\sin\beta}{\sin(\beta - \gamma)}$

因此，利玛窦在韶州测量皇岗山时使用的是三角学中的正弦定理。那么，这种猜测有没有根据，利玛窦是否学习过三角学以及正弦定理？我们不妨简单回顾一下西方三角学的发展过程。

古代西方的三角学不是一个独立的学科，它是依附于天文学、作为天文推算的一种方法，因而最先发展的是球面三角学。早在公元前 300 年，古代埃及人、希腊人便将三角学知识用于测量，比如建筑金字塔、航海、观测天象等。

公元前 2 世纪，希腊天文学家和数学家喜帕恰斯（约前 180—前 125 年）为了天文观测，对球面上的角度和距离进行计算，制作了一个和现在的三角函数表相似的"弦表"，这是世界上最早的三角函数表。

2 世纪，希腊天文学家托勒密在其著作《天文学大成》（*Alma-*

---

① 李文林：《数学史概论》（第 3 版），北京：高等教育出版社 2011 年版，第 132 页。

gest）中给出了包括0°到90°每隔半度的"弦表"以及若干等价的三角函数关系式。6世纪，印度数学家阿耶波多（Aryabhatiya，约476—550年）制作了历史上第一张第一象限内间隔3°45′的正弦函数表。

正弦定理首先是由波斯天文学家、数学家阿布尔·威发（940—998年）发现的；13世纪的纳西尔丁（1201—1274年）在其《横截线原理书》中首次清楚地论证了正弦定理，由此三角学开始脱离天文学，成为纯粹数学的一个独立分支。纳西尔丁的这部著作于15世纪传入欧洲，促进了三角学的创立和传播。

1464年，德国数学家雷格蒙塔努斯（J. Regiomontanus，1436—1476年）完成了著作《论各种三角形》（1533年出版）。这部书共5卷，前2卷论述平面三角学，后3卷讨论球面三角学。雷格蒙塔努斯在第1卷就明确使用了正弦函数，第2卷定理1便讲述一般三角形的正弦定理以及证明①。

这是欧洲第一部三角学专著，是欧洲传播三角学知识的源泉，也被克拉维乌斯纳入"数学教育大纲"中定为学习三角学的教材，而这正是利玛窦的学习内容之一②。

因此，我们有理由相信，利玛窦确实学习过正弦函数，并且知道正弦定理的使用方法以及应用领域。只不过，利玛窦热心于老师的《几何原本》，再加上那时候的平面三角学还属于新兴的数学学科，他并没有做更多的描述而已。直到1631年，西方三角学以及测量术才正式传入中国，并且首次出现在徐光启的译著《测量全义》中。

除此之外，利玛窦在韶州还曾指导瞿太素制造日晷和星盘。而制作这些仪器，除了需要欧氏几何和圆锥曲线知识以外，还需要投影几何和球极投影的知识。然而，投影几何在中国古代触及极少，"元朝的札马鲁丁和郭守敬是这方面的先行者"③，但他们的理论没有被完好地保留下来，到了明末基本上已无人知晓。所以，利玛窦传播的西方投影几何知识便具有开拓性的意义。

① 梁宗巨、王青建、孙宏安：《世界数学通史》（下），沈阳：辽宁教育出版社2001年版，第492页。

② 安国风：《欧几里得在中国：汉译〈欧几里得几何原本〉的源流与影响》，南京：江苏人民出版社2009年版，第56页。

③ 刘钝：《郭守敬的〈授时历草〉和天球投影二视图》，《自然科学史研究》1982年第4期，第327～332页。

欧几里得的《几何原本》与"非欧几何"知识的传入，丰富了我国当时的数学研究，也更直接有力地促进了我国科学技术的发展、近代中西数学文化的融合以及现代数学的萌芽与发展。由此可见，利玛窦在韶州府传教的过程中，作为附属品而被传播的欧洲数学知识以及所获得的社会效应，为他后来在北京更广泛而系统地传播西方数学文化奠定了坚实的基础。

四、撤离韶州，住所遗址考证难

天主教在努力融入中国社会的过程中，由于东西方文化的本质差异，难免会发生许多碰撞和冲突。在韶州期间，利玛窦强烈排斥佛教思想和信仰，引起佛教信徒对天主教的仇教情绪；初到韶州时，利玛窦对当地风俗习惯不甚了解，以致发生了多次本地居民对抗天主教的事件。这些事件虽然都经官府的审理得到了解决，但韶州百姓对天主教的敌视态度是天主教文化所不能抚慰的。

撤离韶州乘船前往南昌

在韶州经历的许多不愉快的事件，并不是利玛窦撤离韶州的真正原因，他主要是为了完成一个更重要的任务——去北京觐见皇帝——而离开他生活了6年的韶州。当时，范礼安神父决定关闭韶州传教团的理由是气候不良，民众滋扰，希望渺茫。利玛窦还是坚持保留韶州传教点，并不断请求澳门传教团向韶州派遣传教士。

至少可以说利玛窦从肇庆出来是被迫的、沮丧的，而从韶州出去则是主动的、体面的。因此，韶州便成为天主教向内地纵深发展的重要跳板和东西方文化交流的中转站，也是明朝末年澳门与内地联结的纽带和利玛窦在中国传教事业的转折点。

1. 利玛窦的韶州居所位置考证

利玛窦在中国内地的传教地点主要集中于 5 个城市：肇庆、韶州、南昌、南京和北京。每到一个地方，利玛窦都建有相应的居所。他建造的几处天主教堂，400 年来多数被毁坏而成为遗址或留下遗迹，然而他在韶州的居所却连遗迹的位置都没有确定。

在《利玛窦中国札记》中，有这样一段记录①：

> 神父们于 1589 年圣母升天节离开肇庆……他们一连八天一直向西行驶，来到一个地方，从那里经短途陆路便到达南华寺……最后，他们向韶州出发……神父们在寻找地方修建房屋时，他们被告知要把全部行李都搬到西边的河对岸的光孝寺里……并被劝告用 80 个金币买下光孝寺附近的一块空地修建住宅。

这就是说 1589 年 8 月 15 日，利玛窦等人被迫乘船离开肇庆；8 月 24 日，抵达韶州南华寺；8 月 28 日，被送至韶州城里，在武江西河岸边的光孝寺附近建立了居所。因此，光孝寺便成为利玛窦在韶州居所位置的唯一参考物，如果能确定光孝寺的位置，则利玛窦在韶州修建的教堂（或寓所）遗址的位置便大概可以确定。

韶州的光孝寺始建于唐朝显庆五年（660 年），唐朝开元二年（714 年）名曰开元寺，后更名为大梵寺。北宋崇宁三年（1104 年）改称法泉寺，后又改名为崇宁寺、天宁寺。南宋绍兴三年（1133 年）为"专奉徽宗香火赐额曰报恩光孝寺"，先称报恩寺，后称光孝寺。

因武江连年洪水泛滥，浸进寺院，毁坏殿堂和神像，于是在南宋绍定年间（1228—1233 年）将光孝寺迁址于"府治南兴贤坊"（今韶关市兴隆街）重建。唐高宗时（680 年左右），禅宗六祖惠能多次应韶州刺史韦璩的邀请到开元寺（大梵寺）开坛讲经说法。因此，为了敬奉惠能弘扬禅法的功德，且其被唐中宗谥为"大鉴禅师"，新寺落成

---

① ［意］利玛窦、［比］金尼阁著，何高济等译：《利玛窦中国札记　传教士利玛窦神父的远征中国史》，桂林：广西师范大学出版社 2001 年版，第 170 页。

"开光"时定名为"大鉴禅寺"①。

根据以上记载可知,1589 年 8 月,利玛窦等人来到韶州时,武江西河岸边的光孝寺的主体部分,早已迁至兴隆街而改称为"大鉴禅寺"。只不过在原地的光孝寺里仍有僧人留守和闲杂人员居住,并且附近的土地仍属光孝寺所有,而此时的光孝寺已不再是举行佛教法事的重要场所了。

利玛窦来韶州时是明朝万历十七年（1589 年）,当时韶州新上任的知府是谢台卿,副长官是吕良佐（另有一说法是刘承范）,这二人后来都成为利玛窦的朋友和保护人。利玛窦在札记中写道②:

> 韶州城坐落在两条通航的河流之间,两河在此处汇合……筑有围墙的城镇建立在两河中间的平原上。地势如此,城镇本身无法扩展,于是他们向两方跨河扩大居民区。西岸人口更稠密,有舟桥把它和岛镇连接起来。

那么,当时的光孝寺附近有没有舟桥呢? 据考证,光孝寺附近确实有一座舟桥（用小船连接固定起来的浮桥）,叫"遇仙桥",它连接西河坝（今新华路）和河对岸的西城墙门"镇越门"（今韶关市复兴路西口,俗称"西门"）。

据《韶州府志》记载:明嘉靖二十五年（1546 年）,陈大纶任韶州知府,次年在西河（今西河大桥）光孝溪口（光孝寺附近）的浮桥设立卡口,征收往来于湘粤之间的进出口货物税。

相传有一天,陈大纶前往卡口视察税务,在卡口的屋子歇息时睡着了。他梦见在古浮桥上有一位道骨仙风、自称是汉代在韶州芙蓉山上炼丹修道的老道士康容。陈大纶又惊又喜地邀请康容进屋去交谈,聆听康容讲述了许多治理州府的良策。

陈大纶一觉醒来,感激不已。于是,陈大纶在与康容交谈之处（浮桥西端）建造了一座纪念馆,名曰"遇仙楼"。殿堂供奉着康容的金身塑像,还镌刻了《新建遇仙楼记》的石龟碑文（现收藏在韶关市

---

① 曾峥、刘翠平:《利玛窦在韶关对西方数学的传播及其影响（上）》,《韶关学院学报》2009 年第 4 期,第 1～5 页。

② ［意］利玛窦、［比］金尼阁著,何高济等译:《利玛窦中国札记 传教士利玛窦神父的远征中国史》,桂林:广西师范大学出版社 2001 年版,第 169 页。

博物馆）立在殿堂边，并将遇见康容的浮桥命名为"遇仙桥"。

民国初期（约1928年），"遇仙桥"移位重建于上游的罗纱巷（今和平路）渡口，市民称为"罗纱桥"，"遇仙楼"被占用做了西河警察局；新中国成立后先作为西河派出所，后扩建做了武江区公安分局。1966年，在原"遇仙桥"位置上建造了"西河大桥"。1998年，为开辟光孝路贯通武江北路的新马路，拆除了"遇仙楼"[1]。

然而，当时那么出名的"遇仙桥""大鉴禅寺"，在利玛窦的札记中却没有提及。笔者推测，由于天主教与佛教、道教教义格格不入，并且利玛窦从内心排斥它们，不屑与佛教徒们为伍，所以利玛窦便没有刻意记录它们。只是由于利玛窦的住所在光孝寺附近，在札记中才有它的踪迹，也只有这一记载给我们留下了光孝寺的一丁点儿线索。不过利玛窦也暗示了，在他们的居所附近确实有座"桥"，但没有提它的名称。

利玛窦在札记中写道：1591年春节，麦安东刚离开韶州去澳门不久，便发生了教堂被邻居夜袭事件，几个仆人受到粗暴的凌辱。韶州知府谢台卿的官员来神父们的居所调查时……教团的两个仆人没有让神父们知道便离开了屋子，因为他们得到风声，就守候在河岸的桥边……抓住了两个想在晚上投石头的小青年[2]。从以上描述中，不难判断那座在教堂附近的"桥"就是"遇仙桥"。

光孝寺现在已经荡然无存了，我们怎么确定它的大概位置呢？在韶关市武江区的西河桥附近有一条街道叫"光孝路"，相传是由于光孝寺而得名的。因此，有人推测光孝寺位于武江的"郡治城之西渡五里"（今韶关市妇幼保健院与财政局之间）。

到了民国以后，早已消失的光孝寺附近还是一片荒地，只有一口鱼塘和少许菜地，当地人仍习惯叫那片荒地为"光孝寺"，而叫那口鱼塘为"光孝寺塘"，叫那些菜地为"光孝寺菜园"。抗日战争期间，国民党的临时省政府迁到韶关，从广州逃难来的人们，聚集在光孝寺旧址附近建屋（所建的大都是简陋的泥砖房）居住，开商铺谋生，形成墟市并且有了街道，取名为"光孝路"（今韶关市西河桥桥头的儿

---

① 林亮坤：《韶关西门老街》，《粤北乡情》2001年第2期，第12页。

② ［意］利玛窦、［比］金尼阁著，何高济等译：《利玛窦中国札记 传教士利玛窦神父的远征中国史》，桂林：广西师范大学出版社2001年版，第178页。

童公园北边、建设银行西侧长约 200 米的街道）。

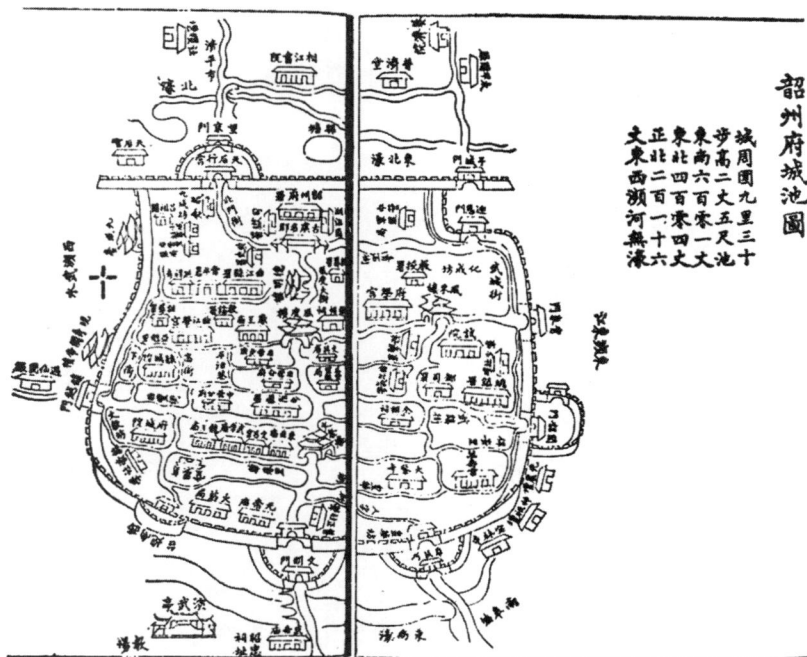

韶州府城池图

由此可以推测，如果光孝寺在今天的韶关市妇幼保健院和财政局之间的话，则儿童公园所占之地很有可能就是利玛窦当年在韶州建立的教堂和居所之处。

从明清时期的韶州城池绘画图上看，有十字架的位置是否教堂的位置呢？图中没有画出具体的教堂是因为教堂已经被部分拆毁。事实上，教堂的一部分曾被郭居静神父拆毁，并且郭居静神父还摘除了墙上的所有装饰品（这件事情利玛窦也认为是必要的和及时的）。

郭居静神父认为，教堂建筑是暴徒们几次用于寻衅的借口，所以他决定把它转移到一所私人礼拜堂去。后来有几位官员到达韶州，想看看这些欧洲人和他们带来的器物时，他们所看到的却是一所实际上已经被拆毁了的房屋，屋内的一切几乎都被转移了①。

由此可以推测，教堂当时只是被拆小了，并没有完全被拆毁，因

① ［意］利玛窦、［比］金尼阁著，何高济等译：《利玛窦中国札记 传教士利玛窦神父的远征中国史》，桂林：广西师范大学出版社 2001 年版，第 217 页。

为在此之后，龙华民神父在韶州做负责人时，还有藏书的图书馆和教堂①。而龙华民离开以后，韶州传教点逐渐被放弃，明末清初时期不见教堂的踪迹也不足为怪了。因此，遇仙楼旁边的小建筑（即现在韶关西河桥旁边的儿童公园）应该就是教堂位置，而不是图中标有十字架的地方。

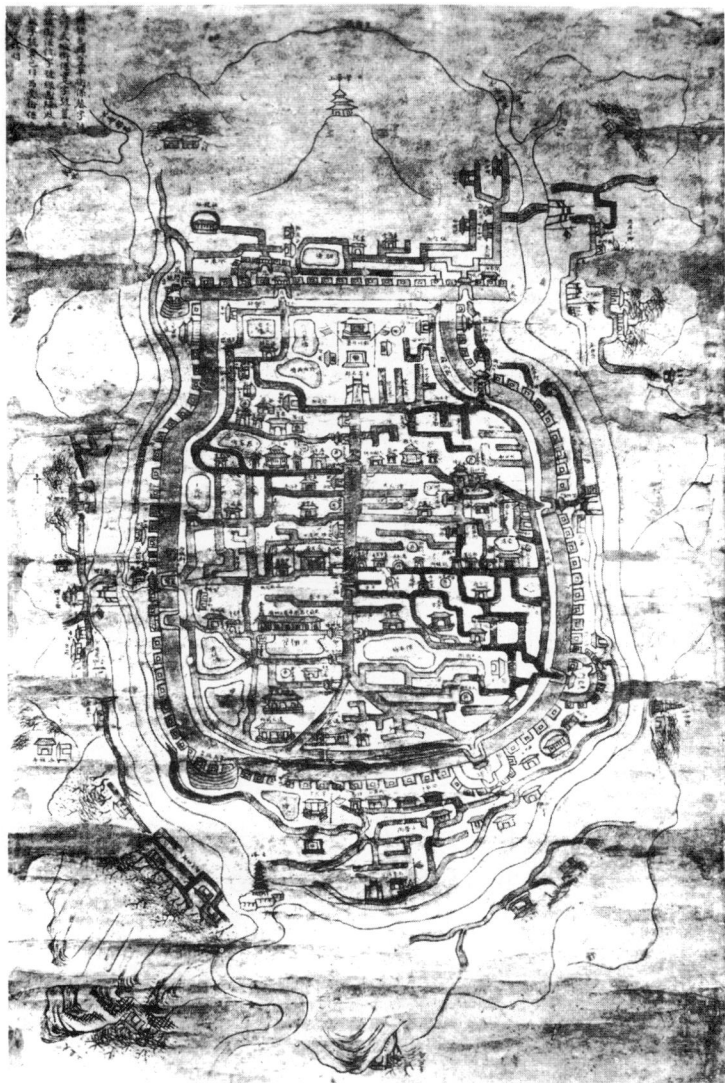

韶州城池绘画图

① ［意］利玛窦、［比］金尼阁著，何高济等译：《利玛窦中国札记　传教士利玛窦神父的远征中国史》，桂林：广西师范大学出版社2001年版，第323页。

那么，这种推测的依据是什么呢？

（1）明末清初时期，韶州是广东的交通要塞，其主要交通形式是水路，交通工具是船只。利玛窦在肇庆时，他的仙花寺教堂就坐落在西江边上，并且当年他们也是坐船来到韶州府的，他深知在河边和桥边居住易于从水路出行。

因此，他们来到韶州后，听从韶州副长官吕良佐（或刘承范）胥吏的建议，不惜出价80金币购买了西河岸村外边光孝寺附近的一块空地修建教堂和住宅①。所以，利玛窦的韶州教堂坐落在武江西河岸边上是极有可能的。

（2）遇仙楼旁边的小建筑规模较小，也基本符合当年利玛窦在韶州的实际情况。利玛窦来韶州居住和传教实是无奈之举，广东总督刘继文原来想将利玛窦驱逐到澳门，但利玛窦竭尽全力、据理力争获得了在广东的继续居留权。因此，他在居所建筑上尽量保持低调，以避免树大招风引来非议。"为避免敌意的指责，也为了防止官员们在室内举行宴会……这所房屋是按中国式样设计和建造的，只有一层楼。"② 这说明经历了在肇庆的教堂建筑风波后，利玛窦逐渐了解了中国国情，汲取了经验和教训。因此，在韶州建造的居所便成了利玛窦"适应性传教"策略的第一次试验。

（3）利玛窦来到中国澳门后，便以僧侣的装束出现在公众视野中（号称番僧），在肇庆和到韶州初期都是如此。原先按照总督刘继文的打算，他们应被安置在韶州的佛教圣地南华寺。后来，利玛窦坚持到韶州城居住，被吕良佐暂时安置于光孝寺寄住，并且划拨光孝寺附近的一片空地卖给他们，以供建造居所和教堂。因此，利玛窦将教堂建造在光孝寺旁边是合情合理的。

此外，利玛窦还要与佛教寺院分庭抗礼，建造的天主教堂也与寺院有一定距离，以避免被人们完全误解为佛教僧侣（事实上，利玛窦最初以西僧面目出现，主要是想尽快被世人认可。进入中国内地之后，他发现天主教与佛教有本质上的区别，就开始竭力与佛教徒划清界限，这是他"易佛补儒"之前的思想写照）。

---

① ［意］利玛窦、［比］金尼阁著，何高济等译：《利玛窦中国札记 传教士利玛窦神父的远征中国史》，桂林：广西师范大学出版社2001年版，第170页

② 沈定平：《明清之际中西文化交流史——明代：调适与会通》，北京：商务印书馆2007年版，第276页。

（4）武江西河岸的桥边地势平坦（今韶关市武江区西河桥以北），便于修建教堂。"那座光孝寺旁边，有一大片空地，适于教团的各种需要……房屋完工后，下一步是在附近盖一座宏大精美的教堂，因为他们期待着在不久的将来有大量的新教徒。"① 这说明他们在韶州谨慎行事，先盖小居所安身，以后再图大业，那个地方恰如所需。

（5）韶州城池绘画图中的小建筑上方有一条转弯街道，与现在的光孝路口基本吻合。光孝寺由于长期荒废，附近的一些建筑也人烟尽失，直到民国以后那里的墟市才逐渐恢复。那么，现在的光孝路和图中的那条小路是否一致？笔者认为，应该是有一定的误差的，因为武江河水经常泛滥，武江西河岸肯定有伸缩。但在中国历史上，历代都有修缮地方志的传统。因此，光孝路的形成也会遵循历史的足迹。

（6）关于明清时期韶州城池绘画图的可靠程度。这张图来源于利玛窦家族的后裔利路齐（Luigi Ricci）教授的讲演稿。

2009 年 12 月 14 日，意大利文化交流学教授利路齐来韶关学院交流和访问，并做了"利玛窦与东西方文化传播"的学术报告。由于有关利玛窦的原始研究资料多数存放在国外档案馆（利玛窦等传教士定期将他们在中国的所见所闻写成文字材料寄回罗马梵蒂冈），而那张韶州城池绘画图与现存于《韶州府志》中的韶州府城池图基本一致。因此，明清时期韶州城池绘画图可以被认为是较可靠的资料，利玛窦在韶州的居所和天主教堂遗址应该就在现今韶关市西河桥头儿童公园的所在位置。

利玛窦在中国期间，韶州的靖村还建成了另一座教堂，那是中国的第一座乡村教堂。它不是由利玛窦所建，而是在利玛窦离开韶州以后，由龙华民神父负责韶州天主教务期间，指导帮助靖村的数百名天主教徒在靠近武江边的一块宽阔的土地上建立的（现已不存在）。

1604 年 4 月 20 日，龙华民神父还在这个乡村教堂举行了场面盛大的弥撒活动②。如今，韶关市区仍存在几处教堂或遗址，只不过都是近代所建造的，并不是利玛窦神父建造的教堂遗址。

---

① ［意］利玛窦、［比］金尼阁著，何高济等译：《利玛窦中国札记 传教士利玛窦神父的远征中国史》，桂林：广西师范大学出版社 2001 年版，第 169、172 页。
② ［意］利玛窦、［比］金尼阁著，何高济等译：《利玛窦中国札记 传教士利玛窦神父的远征中国史》，桂林：广西师范大学出版社 2001 年版，第 316 页。

2. 明末清初天主教堂的建筑风格

根据目前已知的文字记载，元成宗大德三年（1299年）及元成宗大德九年（1305年），欧洲西式教堂建筑第一次出现在中国的京城"汗八里"①（由13世纪末罗马教宗派来的约翰孟德高维奴传教士建造，他先后在北京城内修建了两所西式教堂）。1555年至1569年间，天主教会先后在澳门建造了3座有名气的教堂：圣保禄教堂（俗称大三巴寺，1563年建造）、圣安多尼堂（1565年初建）和圣望德堂（1569年建造）②。

澳门圣保禄教堂

在中国内地的天主教建筑来源有两种：一种是借用已有佛寺或住宅；另一种是新建，有中国传统式及西洋式风格。天主教最初进入中国内地时举步维艰，传教士只求有立足之地。所以，当时的居住场所常常是借用在中国已较为普遍存在的佛寺或普通民宅，而每当传教稍有起色时，传教士们就试图建造新教堂。然而，教堂采用中国传统式建筑风格还是西洋式建筑风格？这一直是令利玛窦等天主教传教士伤透脑筋之事。在此期间，虽然各地时有教案发生，但天主教建筑的发展还是进入了相对稳定的阶段。当时中国还没有专门的针对西方建筑的设计师职业，传教士们及中国上层信徒（如徐光启、李之藻、孙元化等人）自己充当了建筑设计师这个角色，并且在教堂形式问题上做

---

① 李晓丹：《17～18世纪中西建筑文化交流》，《新建筑》2006年第3期，第122～123页。
② 关汉华：《16世纪后期天主教在广东的传播与影响》，《中南民族大学学报》（人文社会科学版）2003年第1期，第127～131页。

了自发的探索，使得中、西式教堂建筑交替出现①。

（1）借用已有佛寺或住宅的教堂，因陋就简开展传教活动。1552年8月，第一个想进入中国内地的传教士方济各·沙勿略抵达广东省台山县上川岛（一个离海岸约30海里的荒芜岛屿）。当时中国官方禁止葡萄牙人在岛上建造任何坚实的房屋，因此，上川岛的葡萄牙商人们便为沙勿略在山坡上用树枝茅草盖了一个简陋的小圣堂作为栖身之所。

1582年，传教士范礼安、巴范济来到肇庆，通过贿赂总督陈瑞获准居住于东关天宁寺中并进行传教和举行圣祭，这座佛寺也成为中国内地耶稣会的第一个会所；1599年，郭居静在南京购买城西螺丝转湾户部刘斗墟的房屋居住，在厅间立一祭坛，奉天主圣像于其中，成为南京有圣堂之始，这是天主教在中国内地的几所简易住所。

（2）兴建教堂，力图开展全方位的传教事业。随着传教士在内地逐渐立足，西方式的天主教堂建筑艺术亦从澳门传入内地。万历十年（1582年），利玛窦和罗明坚获准在肇庆居住。万历十一年（1583年）他们开始建造明末内地第一座教堂，1585年教堂竣工并取名为"仙花寺"。这座教堂和寓所是一座由石灰和青砖修成的两层建筑，外观是西洋式的；与中国传统建筑不同，它多出了一层楼并有砖饰，但教堂的名字却按中国的习惯叫作"寺"。

"这座西方式的建筑物……它美丽的轮廓有整齐的窗户排列作为修饰。房屋的地理位置也很好，位于河边，从那里可以一览河岸及对岸美丽的景象。"仙花寺门前还按当时中国的传统习惯挂上肇庆知府王泮送来的两块门匾"仙花寺"和"西来净土"，"这两块门匾是按中国传统的盛况和游行送到教堂的"②。

此时，利玛窦他们一心希望安居乐业地传教，

官府送"仙花寺"门匾

① 李晓丹：《17～18世纪中西建筑文化交流》，《新建筑》2006年第3期，第122～123页。
② ［意］利玛窦、［比］金尼阁著，何高济等译：《利玛窦中国札记 传教士利玛窦神父的远征中国史》，桂林：广西师范大学出版社2001年版，第126页。

认为教堂的样式和华丽程度都有助于传教事业的顺利进行。由于他们过分重视建筑的外观形式，而当时西洋人在广东沿海的海盗行径已引起中国人的警惕和反感，再加上当地群众对西方建筑存有偏见，所以，"仙花寺"的西洋式建筑在当地引起了非议以致于招来大祸。1589 年，新任广东总督刘继文趁群众反对天主教之际，命令利玛窦离开肇庆，使其不得不放弃在肇庆的住所。

万历十七年（1589 年）利玛窦和麦安东神父等人迁居韶州，在城外武江西河岸的光孝寺边上购买了一片土地，开始建造房屋。万历十八年（1590 年），中国内地的第二座教堂完工。这次利玛窦汲取了在肇庆建造仙花寺教堂的教训，只"建一中国式房屋，颇简陋，惟以蔽身"①。

为了避免当地老百姓认为教堂是外国人的堡垒，则必须使它看上去不像是教堂，但同时又要保留它的宗教和西方特色，于是利玛窦神父选择了中国式建筑，而放弃了西式建筑的坚固与耐用。后来，龙华民神父也遵循利玛窦的思路，在韶州的靖村建造了内地第一座乡村式教堂。这些事实说明，西洋式建筑最初传入中国时，经历了中西建筑文化的冲突，由于当时人们还不熟悉也不接纳西洋式建筑，所以"它的外观很容易被人们误解"。

在韶州的居所里，利玛窦与当地官员以及知名学者都建立了友好的关系，地方官给予传教士特殊保护，这样便可防止他们受到不公正的待遇。在韶州期间，利玛窦开始意识到传播天主教应更加注意结合中国文化。回想在肇庆的华丽教堂——一个与中国传统建筑截然不同的西洋式"怪物"引起的轩然大波，显然不利于他的宗教事业。利玛窦后来在南昌、南京和北京建造教堂时，也多采用中国传统形式或中西结合的形式。其结果是既迎合了中国人的鉴赏口味，也与利玛窦的"适应性传教"政策协调起来。

利玛窦在世及以后的几十年内，天主教因中西文化的冲突在各地数次发生教案，作为其活动场所的天主教堂首当其冲。表面上看，焦点问题是教堂建筑的具体形态和形式特征问题，实际上是隐藏在建筑背后的文化内涵，包括价值观念、思维方式、审美情感、建筑理念等方面的碰撞和冲突。

---

① 李晓丹：《17～18 世纪中西建筑文化交流》，《新建筑》2006 年第 3 期，第 122～123 页。

从利玛窦等人在内地建造的天主教堂的建筑风格以及中西文化结构和风俗习惯的差异上，反映出来的是东西方文化能否融合与交流的问题，也是天主教文化所面临的首要问题和实质问题。

公元1644年6月，明朝灭亡，清朝取而代之。意大利传教士汤若望因精通天文历法而受到清世祖顺治皇帝的赏识，成为第一个出任钦天监监正的外国传教士。因此，汤若望和龙华民在北京的居所和天主教堂幸免于难，同时天主教在中国传播的黄金时期终于到来。

此后，中国内地的天主教堂建筑风格逐渐转向西洋式建筑或局部装饰带中式风格的折中主义倾向的西洋式建筑。截至1664年，天主教耶稣会在中国11省传教，教徒数量从5 000人增至20万人，耶稣会士们在中国建造了50多座天主教堂和38座寓所[①]。

明末清初内地部分教堂一览表[②]（以时间为序，不包括澳门）

教堂名称	建造年代	建造人	建筑风格	装修式样	备注
肇庆仙花寺	1583年	利玛窦	西式	西式	第一座教堂
韶州小堂	1589年	利玛窦	中式		
韶州靖村教堂	1604年	龙华民	中式		乡村教堂
南京洪武冈教堂	1610年	王丰肃	西式		称"无梁殿"
北京南堂	1610年	熊三拔	西式	西式	
北京利玛窦墓	1610年	龙华民	混式		
南京雨花台教堂	1637年	毕方济	西式		仿利玛窦墓
嘉定天主堂	1622年	郭居静	西式		
西藏古格王国堂	1626年	安夺德	藏式	西式	
上海敬一堂	1640年	潘国光	庙宇	中式	原世春堂

五、精英人物，龙与上帝的代表

从1589年到1617年间，除了利玛窦在韶州府生活和传教外，还有几位天主教耶稣会士和明末著名人物曾在韶州府（包括南雄府）生

---

① 李伯毅：《天主教第二次入华与利玛窦的贡献》，《中国天主教》2004年第4期，第39～43页。

② 李晓丹：《17～18世纪中西建筑文化交流》，《新建筑》2006年第3期，第122～123页。

活或停留过①。

1. 瞿太素

瞿太素（1549—1612 年），名汝夔，字太素，为礼部尚书瞿景淳之子，1549 年出生于苏州常熟。1589 年 7 月，瞿太素与利玛窦第一次在广东肇庆见面。当时，利玛窦等人受到广东总督刘继文的驱逐，无暇与瞿太素做深入的交谈。同年 9 月，瞿太素追随利玛窦到韶州，拜利玛窦为师。他系统地学习了西方科学和天主教义，在中西文化交流方面做出了突出贡献。

裴化行甚至认为："真正开始有用而又谦虚地把西方的文明成就系统地引入远东世界的中介人，就是瞿太素。"② 瞿太素后来在南京加入耶稣会，领洗时取教名为依纳爵（Ignatius），于 1612 年去世。

瞿太素是利玛窦在华最亲近的中国友人之一，他对天主教在华传教策略的制定与推动颇有贡献。利玛窦在他的中国札记中，对青年时期的瞿太素有相当深入的描述，称其是苏州人，父亲为尚书，曾举会试第一（指瞿景淳）。瞿太素亦十分聪颖，却不求上进，在其父过世后，更结交败类子弟，沾染种种恶习，尤其沉迷于炼金术，以致其所继承的遗产均遭荡尽。因此，穷困潦倒的瞿太素携妻带仆背井离乡，靠着其父在官场中的旧关系，到处招摇敛财。

瞿太素也曾自述与利玛窦交往的经过③：

> 万历己丑，不佞南游罗浮，因访司马节斋刘公，与利公（笔者按：即利玛窦）遇于端州（笔者按：即肇庆），目击之顷，已洒然异之矣！及司马公徒公于韶，予适过曹溪（在韶州），又与公遇，于是从公讲象数之学，凡两年而别。

万历十七年（1589 年），瞿太素南游岭南四大名山之一的罗浮山（位于惠州和广州交界处），并至肇庆拜望老相识——新任两广总督的刘继文，初遇正被刘继文强制遣返澳门的利玛窦。而利玛窦在与刘继

---

① 李晓芳：《明末耶稣会士在韶州的活动》，暨南大学硕士学位论文，2003，第 32 ~ 35 年。
② 裴化行著，管震湖译：《利玛窦神父传》，北京：商务印书馆 1998 年版，第 140 页。
③ 黄一农：《两头蛇：明末清初的第一代天主教徒》，上海：上海古籍出版社 2006 年版，第 35 页。

文几经交涉之后，终于获得许可由肇庆迁至韶州居住。

此时的瞿太素受到刘继文的冷淡接待，也正好抵达韶州府。他遂要求拜利玛窦为师，私衷原本是希望能从利玛窦那里习得传说中的炼金之术。但在此后近两年的学习中，瞿太素却兴趣盎然地潜心研究西方的数学、天文学和神学。瞿太素或是第一位学习西方笔算法以及翻译欧几里得《几何原本》的中国人，同时，他也学到了许多制造科学仪器的窍门①。

瞿太素在韶州不仅向利玛窦学习西方的数学、天文学等方面的知识，同时也给利玛窦在韶关的传教活动带来了极大的帮助。据《利玛窦中国札记》中记载，瞿太素曾引荐在南雄府经商的富商葛盛华（江西省泰和县人）到韶州拜见利玛窦。葛盛华到韶州后，在天主教堂住了一个月左右，并且每天聆听利玛窦讲解天主教义。听到动心之时，葛盛华便双膝跪下，向利玛窦叩头致谢。听完天主教要理后，葛盛华立刻领洗入教，取名若瑟，从而成为南雄府第一个加入天主教会的中国人②。

在瞿太素的协助之下，利玛窦摆脱了在韶州的各种不利局面（如教堂被袭扰，受到民众以及佛教徒的诘难等），开始蓄发称儒，且脱去僧服改穿儒服，积极地与韶州府、南雄府、南昌和南京的儒家名士交往。万历二十三年（1595年），利玛窦在南昌定居时，瞿太素亦曾将利玛窦介绍给自己的儿女亲家建安王，让其关照利玛窦等人。

利玛窦将自己与建安王父子论述西方交友之道的内容整理成《交友论》一书刊行，以表示对瞿太素的感谢之情。瞿太素也不断在上层社会中宣扬利玛窦的文雅与博学，如理学名儒章潢所言③：

> 近接瞿太素，谓曾游广南，睹一僧，自称胡洛巴（笔者按：即欧罗巴）人，最精历数，行大海中，惟观其日轨［晷］，不特知时、知方，且知距东西南北远近几何。

---

① 黄一农：《两头蛇：明末清初的第一代天主教徒》，上海：上海古籍出版社2006年版，第35页。

② ［意］利玛窦、［比］金尼阁著，何高济等译：《利玛窦中国札记 传教士利玛窦神父的远征中国史》，桂林：广西师范大学出版社2001年版，第261～263页。

③ 黄一农：《两头蛇：明末清初的第一代天主教徒》，上海：上海古籍出版社2006年版，第36页。

瞿太素在韶州府跟随利玛窦学习了两年之后，携家人移居南雄府。之后，又回到江苏老家常熟住了一段时间，最后在苏州定居。利玛窦第一次进京之旅失败后，在回南京的路上，还专程到苏州看望瞿太素并求助于他。万历二十七年（1599 年），瞿太素协助利玛窦在南京与佛教高僧三槐进行了一场辩论。万历二十八年（1600 年），利玛窦与郭居静神父及庞迪我神父在南京商量第二次进京之事，瞿太素还特地从镇江赶来参加讨论并出谋划策①。

瞿太素与利玛窦保持了终生的友谊。在利玛窦的影响下，瞿太素痛改以前的纨绔子弟习性，于万历三十三年（1605 年）3 月 25 日受洗于罗如望（Jean de Rocha，1566—1623 年）神父，取教名为依纳爵。同时，瞿太素还将自己 14 岁的长子瞿式谷托付给教会（注：瞿式谷正式领洗是在万历三十五年，即 1607 年），并给孩子取教名为玛窦，以纪念其与利玛窦的情谊。

从利玛窦在中国的传教方法上看，利玛窦不是直接灌输天主教义，而是用学问和书籍与中国的知识分子阶层接触和培养感情，在无声无息之中渗透宗教道理。这正是"学术传教"的内涵，而瞿太素可以说是这种方法的第一个志愿试验者。

2. 徐光启

徐光启（1562—1633 年），字子先，号玄扈，明嘉靖四十一年（1562 年）4 月 24 日出生在上海县法华汇（今上海市徐家汇）一个小商人的家里，是中国明末科学家、农学家、政治家、军事家，官至礼部尚书、文渊阁大学士；获赠太子太保、少保，追谥文定公。徐光启于 20 岁中秀才，36 岁中举人，43 岁为进士，是中西文化交流的先驱及上海最早的天主教徒之一——被称为"圣教三柱石"之首。他编著有《农政全书》《崇祯历书》；与利玛窦合作翻译《几何原本》《测量法义》；撰写《测量异同》《勾股

徐光启像

---

① 林金水：《利玛窦与中国》，北京：中国社会科学出版社 1996 年版，第 27 ~ 74 页。

义》《泰西水法》等著作。

徐光启根据自己对西方科技的理解，列出了天文、历法、水利工程、兵器、兵法及军事工程、建筑工程、机械制造、地理测量、医药共 10 类学科，并建议朝廷开展这些方面的分科研究。如果徐光启提到的每个学科都能设置相应的研究机构，那么，明朝末年的中国就将有一个规模相当可观的国家科学院了①。

徐光启，这位中国近代科技史上伟大而重要的历史人物，早年也曾在韶州府留下过足迹。明万历二十四年（1596 年），徐光启在乡绅赵凤宇家任家庭教师。后来，赵凤宇要到广西浔州府（今广西桂平县）去做官，并且带妻儿赴任，他便邀请徐光启随他去任以便教他的两个孩子。徐光启跟赵凤宇同船溯长江西上，到江西湖口转而向南，经鄱阳湖，逆赣江，南抵赣州登陆，翻过大庾岭来到韶州府。

有一天的黄昏时分，徐光启到韶州府的武江西河岸边散步时，偶然来到了天主教堂，与当时住在教堂中的郭居静神父初次结识并交谈，也正是在这里他第一次礼拜了十字架②。

郭居静神父请徐光启到居所的书房里喝茶，墙上的一幅《万国全图》（世界地图）引起徐光启的兴趣。郭居静指着图说："世界很大啊。这里是你们中国，这里是韶州，这里是你们上海。你看我们欧洲多远啊，海路几万里，海上狂风恶浪，旅途辗转周折，好几个月才能到达中国。从欧洲再向西，还有一个大洲叫美洲……"

徐光启听了连连点头，非常羡慕。这是他平生第一次见到世界地图，知道在中国之外竟有那么大的一个世界。随后，他又第一次听说麦哲伦乘船绕地球一周，证明了地球是圆的；第一次获悉意大利科学家伽利略制造了天文望远镜，能清楚地观测天上星体的运行；也第一次得知在韶州府有位叫利玛窦的西洋人，精通西洋的自然科学和哲学。对于他而言，所有的这些都是闻所未闻的新鲜事。于是，徐光启很想拜见利玛窦，但此时利玛窦已离开了韶州府而前往南昌传教。此后，徐光启和郭居静保持了终生的友谊，而利玛窦也成了他在仕途和学术上的精神导师。

① 王成义：《徐光启家世》，上海：上海大学出版社 2009 年版，第 87 页。

② ［意］利玛窦、［比］金尼阁著，何高济等译：《利玛窦中国札记　传教士利玛窦神父的远征中国史》，桂林：广西师范大学出版社 2001 年版，第 328 页。

明万历二十八年（1600年），徐光启途经南京到北京应试，得知利玛窦正在南京传教的消息，立即专程前往拜访，并对天主教和西方科学有了进一步的了解。1603年1月15日，徐光启再去南京时，利玛窦已经在北京定居。他便由罗如望神父施与洗礼入教，取教名为"保禄"。

从明万历三十四年（1606年）秋天开始，徐光启与利玛窦讨论的"格物"以及几何学问题，多是偏重于经世致用的科学内容，这是利玛窦与徐光启交往中最有价值的方面。利玛窦向徐光启讲述了在韶州与瞿太素合作翻译《几何原本》第一卷的事情，并重新开始口授克拉维乌斯的讲义，徐光启以笔记录，两人"反复辗转，求合原书之意"，第二年刊刻出《几何原本》前六卷。

徐、利翻译《几何原本》

徐光启还专门为《几何原本》作了序言，曰①：

> 《几何原本》者度数之宗，所以穷方圆平直之情，尽规矩准绳之用也。利先生从少年时论道暇，留意艺学，且此业在彼中所谓师傅、曹习者，其师丁氏，又绝代名家也，以故其精其说。而与不佞游久，讲谈余晷，时时及之。因请其象数诸书，更以华文。独谓此书未译，则他书不可得论。遂共翻其要约六卷，既卒业而复之，由显入微，从疑得信。盖不用为用，众用所基，真可谓万象之形囿，百家之学海。虽实未竟，然以当他书，既可得而论矣。

事实上，《几何原本》的翻译刊刻取得了巨大成功，它成为明末以来最早翻译成汉语的西方较为完整的数学著作，代表着西方数学文化在中国传播的肇始。正如华东师范大学张奠宙教授所说，中国近代数学的开端始于《几何原本》的翻译与传播。

---

① （明）徐光启撰，王重民辑校：《徐光启集》，上海：上海古籍出版社1984年版，第75页。

后人曾经这样评价利玛窦与徐光启合译的《几何原本》①：

> 是书盖亦集诸家之成，故自始至终毫无疵类。加以光启反复推阐，其文句尤为明显，以是弁冕西术，不为过矣。

徐光启在《〈几何原本〉杂议》中也有一段自己给出的评价语②：

利玛窦与徐光启

> 昔人云："鸳鸯绣出从君看，不把金针度与人。"吾辈言几何之学，正与此异，因反其语曰："金针度去从君用，不把鸳鸯绣与人。"若此书者，又非止金针度与而已，直是教人开草冶铁，抽线造针，又是教人植桑饲蚕，涷丝染缕，有能此者，其绣出鸳鸯，直是等闲细事。

徐光启还曾用这样玄妙的话来解释《几何原本》③：

> 似至晦实至明，故能以其明明他物之至晦；似至繁实至简，故能以其简简他物之至繁；似至难实至易，故能以其易易他物之至难；欲脱之不可得，欲驳之不可得，欲减之不可得，欲前后更置之不可得也。

此书刊刻后，受到的称赞远高于对它本身的理解，这就更让处于上层社会的士大夫们将收藏此书当成一种时尚，以讨论、阅读此书为荣。至于有多少人能够看得懂《几何原本》，则是次要的事了。据说当时只有徐光启、李之藻两个人真正理解了《几何原本》的内容及其用途④。

万历三十五年（1607 年），徐光启又与利玛窦共同翻译了《测量

---

① 徐汇区文化局：《徐光启与〈几何原本〉》，上海：上海交通大学出版社 2011 年版，第 34 页。

② 徐汇区文化局：《徐光启与〈几何原本〉》，上海：上海交通大学出版社 2011 年版，第 79 页。

③ 徐汇区文化局：《徐光启与〈几何原本〉》，上海：上海交通大学出版社 2011 年版，第 79 页。

④ 徐汇区文化局：《徐光启与〈几何原本〉》，上海：上海交通大学出版社 2011 年版，第 79 页。

法义》，接着由徐光启撰成《测量异同》《勾股义》。1631 年，徐光启与罗雅谷合作出版了《测量全义》。这些著作的刊刻旨在"明《几何原本》之用""予以通变世用"，充分体现了徐光启以"实学"来"经世致用"的理念。

在《勾股义》的序言中，徐光启说①：

> 自余从西泰子译得《测量法义》，不揣复作《勾股》诸义，即此法，底里洞然。于以通便施用，如伐材于林，挹水于泽，若思（元代数学家郭守敬）而在，当为之抚掌一快已。

徐光启步入仕途之后，又利用在家守制、赋闲等各种时间，在北京、天津和上海等地开垦试验田，亲自进行各种农业技术实验。并且著有《农政全书》（完成于 1525—1528 年间，1639 年出版）、《甘薯疏》（1608 年）、《农遗杂疏》（1612 年）、《农书草稿》、《泰西水法》（1612 年与熊三拔合译）等。由此可见，徐光启对农业的著述相比于他对数学、天文历法的著述，花费时间之长、用功之勤，实皆有过之而无不及。

3. 在韶州生活过的耶稣会士②

（1）麦安东（Antoined' Almeyda，1556—1591 年）是最早跟随利玛窦来韶州，并且把自己的生命奉献给了韶州传教事业的传教士。利玛窦在他的中国札记中，用了许多篇幅来讲述麦安东神父在韶州的生活。

麦安东 1556 年出生于葡萄牙的法郎哥撒城，1585 年 7 月应远东视察员范礼安神父之请赴澳门，之后到肇庆辅助罗明坚、利玛窦工作。1589 年麦安东跟随利玛窦从肇庆来到韶州建立传教据点，从事传教活动。1591 年 7 月 17 日，麦安东因疟疾发作病死于韶州，利玛窦曾感叹道："他与我一起三年，吃了不少苦头。"

（2）石方西（Fraccode de Petris，1563—1593 年），1563 年出生于

---

① （明）徐光启撰，王重民辑校：《徐光启集》，上海：上海古籍出版社 1984 年版，第84 页。

② 李晓芳：《明末耶稣会士在韶州的活动》，暨南大学硕士学位论文，2003 年。

意大利罗马，1590年进入澳门。1591年麦安东在韶州去世后，他被派往韶州代行其职。

石方西抵达韶州后不久，便遇到强盗持械夜入其室，伤害了两三个仆役，他的头部也被强盗用斧头砍成重伤。1593年11月5日，由于不适应韶州的气候而病死于韶州。两年之内，韶州传教团就损失了两位神父，这使得利玛窦深感痛惜。

（3）孟三德（Edouard de Sande，1531—1600年），1531年出生于葡萄牙的吉马朗伊斯，1572年赴印度，历任巴卡伊姆和澳门两地耶稣会的会长。1585年被范礼安任命为中国教区区长，并在肇庆居住和传教。1591年7月到9月间，曾多次赴韶州做短暂停留和访问。1594—1596年，孟三德任澳门神学院首任院长，1600年病逝。

（4）郭居静（Lazare Cattaneo，1560—1640年），号仰风，1560年出生于意大利热那亚城附近的萨尔察纳，1594年来华，随后被派往韶州协助利玛窦开展工作。他对中国传教团的最大贡献就是在韶州接待并影响了徐光启。

郭居静在韶州工作了4年（1594—1597年）[①]，并管理着韶州的传教事务。由于孤独和工作过度，郭居静患了重病，被迫回到澳门休息了一段时间。后来他陪同利玛窦赴北京觐见皇帝，返回南京后被留下来主持管理南京、南昌、韶州等地的教务。范礼安去世以后，郭居静继承其远东视察员之职留居澳门。

郭居静像

1608年冬，郭居静应徐光启之邀到上海开教，1611年应李之藻的邀请去杭州开教，之后一直主持杭州的传教事务。郭居静为人随和、处事冷静，深得利玛窦的信任和赞扬，也受到徐光启和李之藻的尊敬。1640年1月19日，郭居静去世并葬于杭州。

（5）龙华民（Nicolas Longobardi，1559—1654年），字精华，1559年出生于意大利西西里岛的卡耳塔吉罗内城的一个没落贵族家庭，

---

① ［意］利玛窦、［比］金尼阁著，何高济等译：《利玛窦中国札记 传教士利玛窦神父的远征中国史》，桂林：广西师范大学出版社2001年版，第218页。

1582 年加入耶稣会，1597 年到中国。同年 12 月 19 日，龙华民在钟鸣仁修士的陪同下来到了韶州。直至 1612 年 4 月 25 日，被迫离开生活了 15 年的韶州前往北京，那时利玛窦已经逝世近两年了①。

龙华民是个充满乐观主义精神的传教士，到韶州不久就适应了那里的气候、饮食和风俗习惯。他与利玛窦的传教策略不同，坚持走平民阶层的路线。他每天都不辞辛苦地奔波于韶州府附近各个村镇，在平民百姓中发展教徒。1609 年他被利玛窦确定为接班人，担任中国耶稣会会长。

后来，中国发生了迫害天主教的事件，龙华民又与大多数传教士产生了意见分歧。尤其是他与利玛窦在对待中国礼仪的问题上观点不同，从而引发天主教廷与清朝的"中国礼仪问题之争"，最终导致天主教被禁止在中国传播。1654 年 12 月 11 日，龙华民因跌伤卒于北京，终年 95 岁。

（6）金尼阁（Nicolas Trigault，1577—1629 年），字四表，1577 年出生于法兰西杜埃城（原属比利时管辖）。他于 1610 年抵达澳门，次年春到达南京学习汉语，后往来于南京、杭州、北京、韶州等地了解中国的教务情况，主张继承利玛窦开创的"学术传教"事业，极力维护利玛窦"补儒易佛"的传教方针。

金尼阁在杭州与中国学者王征（1571—1644 年）等人用西方语音学探讨并整理汉语音韵规律，编写成《西儒耳目资》一书。其主要目的是帮助来华传教士认读汉字，但也从客观上让中国人了解了西方语言文字。这部著作在中国音韵学史上具有开拓新领域的作用，事实上它也成为中国最早的汉语拼音方案。他和利玛窦一同开启了以拉丁文字为中文注音的先河，至今仍被传为美誉。

金尼阁最早撰写了系统的中国历史著作《中国史编年》，并出版了第一册，他还将拉丁文译本《伊索寓言》选译成《况义》（即寓言）出版，这是《伊索寓言》这部欧洲古典名著在中国最早的译本。

王征像

① 张铠：《庞迪我与中国》，郑州：大象出版社 2009 年版，第 175 页。

金尼阁像

1613 年 2 月至 1614 年，金尼阁受龙华民特遣返回罗马晋见教皇。在回欧洲的漫长旅程中，他把利玛窦用意大利文写作的回忆录手稿《基督教远征中国史》改为《利玛窦中国札记》，翻译成拉丁文，并做了补充和润色。这本著作在欧洲出版后引起轰动，使耶稣会内部掀起了到中国传教的热潮。此书的英文版译者评价道：

自从 3 个世纪以前金尼阁的书首次问世以来，没有任何国家的哪一个汉学家不曾提到过利玛窦，中国的史学家也无不引用金尼阁的书，它打开了中国与欧洲关系的新纪元，留给我们一份世界上最伟大的传教文献。它对欧洲文学和科学、哲学和宗教等生活方面的影响，可能超过任何 17 世纪的历史著述。

1618 年 4 月，金尼阁率领 20 余名新招募的传教士以及携带着 7 000 余部精装图书搭船离开里斯本，再次来到中国。同船来华的邓玉函、罗雅谷、汤若望等人都有很深的学术造诣，他们都在中国为大力传播西学做出了贡献。金尼阁也成为第一位重返欧洲后又率领大型传教团再来中国的传教士。1629 年，金尼阁在杭州病逝。

（7）费奇观（Gaspard Ferreira，1571—1649 年），1571 年出生于葡萄牙卡斯特罗的朱尔诺城。1611 年到达韶州。此时韶州的传教形势相当暗淡，教堂一片颓废之貌，他曾用一切可行的方法想恢复以前的辉煌，但效果不佳。韶州的儒士、僧人以及城中多数居民皆反对传教士，他们于 1612 年 4 月被逐出韶州城。后乘船逆流而上，勉强在韶州府治下的南雄府布置教堂并传教①。

（8）黎宁石（Pierre Ribeiro，1572—1640 年），1572 年出生于葡萄牙的佩特罗高城。在澳门完成学业后，1604 年被派至南京学习语言，

---

① 徐宏英：《利玛窦与〈几何原本〉的翻译》，《青岛大学师范学院学报》2008 年第 2 期，第 50～53 页。

1617 年来到南雄府。费奇观、黎宁石也成为明末耶稣会士在韶州传教事业的最后音符。

除以上几位著名神父和徐光启、瞿太素等儒士在韶州生活或停留过外，还有几位中国籍的耶稣会士也在韶州工作过，如钟鸣仁、黄明沙、游文辉（利玛窦画像作者）等，他们都为中西文化的传播与交流做出了努力。

4. 天主教与韶文化的磨合

翻开利玛窦的中国札记，我们不难发现这部书记录了利玛窦在中国生活和传教的全部历程。然而，值得注意的是韶州作为一个重要的主线一直贯穿其中。

《利玛窦中国札记》全书共五卷，第一卷和第二卷主要叙述中国的人文环境、风俗习惯以及在肇庆的传教生活。

在后面的三卷中，利玛窦用了大量的篇幅来描述在韶州发生的故事。例如第三卷的前八章，他记述了在韶州建立新居留点和初期的工作；第三卷第十四章和第四卷第十七、十八章及第五卷第五、十九章，又讲述了他离开韶州后其他传教士的工作。利玛窦逝世前写的最后一章内容，便是从韶州到澳门的充满幻想的离奇旅行。这说明韶州在利玛窦的传教生涯中占有相当重要的地位，导致他至死仍对韶州的传教事业念念不忘。

那么是什么原因使得利玛窦如此青睐韶州呢？主要原因就是天主教文化在韶州与韶文化经历了较多的磨合，让利玛窦真正认识了中华文化，开始了真正意义上的"合儒"和"补儒"，最后达到"超儒"的"学术传教"境界。

韶州地处粤北地区，并不是广东的政治、文化中心。但由于其独特的地理位置，韶州形成了自身的文化环境，这就是"韶文化"。韶文化是分布在粤北地区的客家文化、瑶族文化、移民文化、历史名人文化、南禅文化、生态文化及其他文化

张九龄像

形态的总称，其核心是以"韶"为主的包容、和谐与善美的精神①。

利玛窦初到韶州时，首先访问了南华寺。在与寺内住持交谈中，利玛窦已经感受到了南庭禅宗佛教文化对韶州百姓及社会各阶层的影响力之大。他将自己的教堂和居住地建造在西河光孝寺的旁边，就是欲借佛教的势力扩大天主教的知名度。然而这是利玛窦的一个失误，因为从此以后，天主教文化与佛教文化开始形成了如此近距离的冲突和碰撞，并且持续了十几年。

韶州是个移民城市，这里聚集着多个民族，他们保持着各自不同的风俗习惯。从隋唐开始，中国的儒家思想一直统治着韶州，并且诞生了张九龄（678—740年）、余靖（1000—1064年）等著名人物，形成了跨越一千年的历史文化形态。利玛窦与瞿太素在这里的相识，看似是偶然的，其实又含有历史的必然性。因为与利玛窦交往的儒士，都会或多或少地以儒家思想影响利玛窦，而这正是利玛窦所需要的。他正在寻求将天主教文化尽快融入主流社会的良策，那么，韶文化的包容和善美特性正好帮他实现了这个愿望。

余靖像

当瞿太素引荐他认识韶州官府的头面人物，认识上层社会的达官贵人和知识分子时；当瞿太素告诫他要摆脱西方僧人的形象，只有进入儒士阶层才能保持自己的尊严和天主的荣誉时，他是多么的兴奋啊！利玛窦暗暗感叹"神父们在这个人（指瞿太素）身上没有白费时间"②。由此，利玛窦从感受到的"韶文化"开始研究儒家思想，逐步形成了影响深远的"学术传教"策略以及"利玛窦规矩"。

5. 韶州天主教兴衰史

明末时期，天主教在韶州仅仅存在了28年（从1589年利玛窦来韶州开辟传教据点到1617年费奇观、黎宁石等人被迫撤离韶州的南雄

① 宋会群：《论韶文化的概念与区域文化特征》，《韶关学院学报》2010年第1期，第1页。
② ［意］利玛窦、［比］金尼阁著，何高济等译：《利玛窦中国札记 传教士利玛窦神父的远征中国史》，桂林：广西师范大学出版社2001年版，第174页。

府为止）。虽然时间不长，但在各方面也都成绩斐然。利玛窦传教事业的许多重大理论决策以及中西文化交流的重大历史事件都是在韶州府做出和发生的，并且三百年来天主教文化对韶州的影响程度很深，范围也非常广泛。

韶州地处粤北山区，山清水秀，物产丰富。由于拥有三江六岸，水陆交通便利，在明末是通往内地的咽喉。著名的南禅祖庭就坐落在一片美丽的高原上，四面青山环绕，山上除天然美景外，还有人工安排的果园，景色极其迷人，这就是《利玛窦中

今日韶关

国札记》中描述的佛教圣地南华寺。可见，由六祖惠能始创的中国禅宗文化在韶州的社会生活中影响广泛，而天主教与佛教迥然不同的教义，使得利玛窦等人面临巨大的挑战。

利玛窦初来韶州时，吸取了在肇庆的教训，他隐瞒了传播基督"福音"的真实目的。由于在传教布道方面进展缓慢，他将更多的时间花在了结交官府及上层社会的达官贵人上，以求获得庇护，有一个安身之地。他幸运地结识了儒士瞿太素，与他保持了师生之间终生的友谊。之后，他应英德县令苏大用的盛情邀请，去为他的父亲布道，虽然没有接收老人成为基督教的信徒，但在这次旅行中，他受到了从官府到全城百姓的热情接待。从某种意义上讲，天主教得到了空前的

南华禅寺

传播，取得了事半功倍的效果。

1592 年，利玛窦为瞿太素在南雄府的一个朋友葛盛华举行了洗礼，并应邀与瞿太素一起到南雄府访问。利玛窦去南雄府有两个主要目的：一是拜访以前在肇庆认识的老朋友——现在是南雄知县的王应

麟（王玉沙）；二是希望把葛盛华全家人都接纳入教。南雄之行，利玛窦获得了成功，不仅接收了 6 人入教，还有 4 人被延期接纳入教。后来，利玛窦在南雄府建立了传教据点，这些信徒还协助利玛窦翻越梅岭，为他进入江西立下了汗马功劳。

诚然，利玛窦在韶州的主要工作与其说是传教布道，倒不如说是潜心研究中国天主教生存和发展的重大理论问题。事实上，利玛窦的"学术传教"策略在耶稣会内部也引起了争议，出现许多反对意见。人们指责利玛窦过分关注与儒家杰出人物的关系，而不是布教事业的进展；利玛窦对儒教的积极评价也受到了非议①。这从"利玛窦、郭居静和罗如望三个传教士在韶州花费 6 年的时间总共才发展 20 名至多 25 名新教徒"② 就可以看出。

利玛窦的继任者龙华民也对利玛窦的做法持不同意见，他甚至曾嘲笑过利玛窦展示"钟表、三棱镜和类似的物品"的意义，就连回到意大利的罗明坚也抱怨利玛窦经常炫耀自己对中国地理的学识以及进行中西方数学文化的传播，而有甚于十分严肃的传教事业③。

利玛窦、郭居静等人离开韶州后，韶州教务由龙华民主持。他一改利玛窦的做法，在平民阶层开始了大规模的传教活动。他首先接纳了几名显贵的男女教徒，然后将重点放到了附近的乡镇。1599 年，他到韶州的马坝传教，采取类似群众集会的形式，为听众宣讲基督教义，散发《天主教要》小册子，新入教的教徒也敲锣打鼓地举行公开而盛大的集会游行来庆祝入教。在他的努力下，3 年之内韶州的教徒竟然增长到 300 名。同时，龙华民还把注意力转向妇女和儿童的皈信，接纳了许多女教徒和儿童教徒。"仅 1602 年 1 年，韶州会院就发展了 140 名新教徒，在一次仪式上竟有 30 人领洗，这种规模是以前从来没有过的。"④

龙华民的传教方式振奋了传教团的精神，鼓舞了传教团的士气。但是他只注重教徒的数量却不重视传教质量，传教方式过于简单和直

---

① ［意］利玛窦、［比］金尼阁著，何高济等译：《利玛窦中国札记 传教士利玛窦神父的远征中国史》，桂林：广西师范大学出版社 2001 年版，第 462 页。

② 李晓芳：《明末耶稣会士在韶州的活动》，暨南大学硕士学位论文，2003 年，第 34 页。

③ ［意］利玛窦、［比］金尼阁著，何高济等译：《利玛窦中国札记 传教士利玛窦神父的远征中国史》，桂林：广西师范大学出版社 2001 年版，第 475 页。

④ ［意］利玛窦、［比］金尼阁著，何高济等译：《利玛窦中国札记 传教士利玛窦神父的远征中国史》，桂林：广西师范大学出版社 2001 年版，第 356 页。

接，使仇视基督教的事端此起彼伏，在韶州引起了许多麻烦和产生负面影响。1602 年曾有僧人密谋杀害他，1603 年他又被控"通奸"，这都与其传教方式欠妥有关①。尤其是他在继承利玛窦的中国教区总会长一职之后，全盘摒弃了利玛窦的"学术传教"策略，导致了以后的西方罗马教廷与康熙王朝的礼仪之争，葬送了利玛窦等人的中国传教事业。利玛窦将龙华民确定为他的继承人，这是他在中国天主教传教史上的一个重大失误。

在以后的岁月里，韶州居民反天主教的情绪激涨，斗争连续不断。伴随着一系列的非教和仇教活动，天主教在韶州的工作进入了利玛窦所说的"暗淡岁月"②，直至 1617 年费奇观、黎宁石等人被迫撤离南雄。此后，天主教在韶州的传播暂告中断。

曲江循道医院旧门

1845 年，清朝政府被迫同意取消对天主教的禁令，1858 年的《天津条约》更规定各国传教士可到内地自由传教。从此，天主教（基督教）修会如耶稣会、循道会、贞德女修会、慈幼会相继在韶关城乡建立和扩大了自己的势力范围。他们在韶关市区、曲江区、南雄市、乐

昌市、始兴县、仁化县、连州市、阳山县、英德市都建立了教堂，也做了许多公益事业。

1888 年，英国基督教循道公会（亦称卫斯礼会）派了佛山循道医院的英借医师麦路德来韶关，在弓箭街（现建国路）挂牌行医。1914 年创办了韶关第一座西式医院——"曲江循道医院"（今粤北人民医院）；天主教耶稣会、贞德女修会建立了显主会女修院、母佑会和孤儿院、公教青年会，还创办了励群学校和广仁小学。这些举措使得天主教赢得了韶州人民的好感，天主教再次在韶州广泛传播。

1920 年，罗马教廷从广州教区划出南韶连教区（即韶关教区），由天主教的意大利鲍斯高慈幼会管理教务，雷鸣道主教为负责人（1930 年 2 月 25 日，雷鸣道主教与高惠黎神父前往连州视察教务时，途遇匪徒，以身殉职）。1946 年 4 月，罗马教廷决定建立中国圣统制，在全国建立 20 个教省，广东成为 1 个教省，下辖有 9 个教区，韶关仍为南韶连教区。此后，鲍斯高慈幼会陆续派到韶关教区传教的神父、修士、修女有 30 余人。至中华人民共和国成立，韶关教区有教堂 23 座，教徒有 3 170 人。

新中国成立后，随着国家宗教政策的落实和实施，韶关天主教事业获得新生。近几年，韶关市政府拨款对风度中路步行街的基督教教堂和东堤中路的天主教堂进行了重建和维修。如今，韶关教区已经是罗马教廷辖属的独立教区，它的管辖范围遍布整个粤北地区以及连州市。韶关天主教在经历了 400 多年的风风雨雨之后，终于走上了健康发展的道路。

韶州有幸见证了明末中西方文化的交流和碰撞，也借着利玛窦的中国札记，让欧洲获悉了此地的风俗习惯和人情世故。韶州的名气可能不大，但在利玛窦的传教生涯中却占有很重要的地位。正如利玛窦所说"离开肇庆并没有任何损失，事实上，我们还高兴地发现我们因迁徙（到韶州）而得到了好处"。因此，韶州是"学术传教"思想真正的发源地。

第五章　创建中国科学教区

在韶州传教期间，利玛窦已经感觉到广东只不过是流放罪犯的蛮荒之地，而江西才是"钟鸣鼎食地，温柔富贵乡"。在文化教育层面，江西每年通过科举考试而当官从政的文人比广东数年之和还多。

尤其是经历了被逐出肇庆和在韶州被滋扰的打击后，利玛窦坚定了"到北京面见皇帝，取得皇帝的欢心和恩准后在中国传教"的决心。这时，瞿太素建议：如果不能进入北京和南京，就到江西去吧。南昌很适合达成神父们来中国的目的，也是一个适宜居住的好地方。

万历二十三年（1595 年）四月，祖籍肇庆府的兵部侍郎石星奉诏经韶州府上北京履新，因久仰利玛窦博大精深的西方学问和人格品德，遣人邀请利玛窦上船会晤。在谈话中，石星有意请利玛窦同船北上并顺便为其体弱多病、精神失常的 22 岁儿子治病。

利玛窦认为不能错失良机，便答应"愿把公子带往江西省去旅游，希望在那里能使他恢复正常"。石星欣然接受利玛窦的建议，于是他"马上命韶州长官发给他旅行执照，盖上他的官印，给予利玛窦神父在江西省旅行的充分权利"。

就这样，利玛窦和郭居静商议后，决定由郭居静、黄明沙、钟鸣仁继续留在韶州主持传教事务，自己带领澳门静巴拉达期和弗南迪斯以及两个仆人，于 1595 年 4 月 18 日，乘石星的官船离开韶州。他们一行人抵达南雄府后，受

利玛窦与石星离韶北上

到官府和教友的热情迎接，并由年轻力壮的教友帮助利玛窦挑担行李，沿着张九龄开凿的梅关古道，翻越广东与江西交界处的大庾岭，直抵江西的小镇南安，然后再登上石星的官船，一同沿着漳水顺流而下进入江西境内并且安全抵达吉安府。

然而利玛窦一心向往早日到帝国的陪都南京去开辟新的天主教会所，石星又命吉安府发给利玛窦通往南京、苏州和浙江的通行证，再请利玛窦乘船北上。他们在南昌稍事停留后，便驱舟驶入鄱阳湖，遥望着被云雾遮住了真实面目的庐山，出湖口沿山脚边进入长江，顺势沿江东下，于 1595 年 5 月 31 日抵达南京城。

不幸的是，当时正处于中日在朝鲜开战的时期，气氛十分紧张，南京的朋友都不敢收留他。无奈之下，利玛窦在南京住了几天后又返回南昌，并且一住就是三年。

一、中西文化，在南昌融合交流

南昌自古以来就是历史文化名城。公元前 202 年，汉高祖刘邦命颍阴侯灌婴驻守南昌一带。次年，灌婴率部在今天的皇城寺（黄安）附近修建了一个方圆十里八十四步、辟有六门的土城，时人称之为灌城，此系南昌建城的开始。

汉高祖六年（前 201 年）析九江郡置豫章郡，并设南昌县，属扬州府管制，南昌之名始于此。元朝至正二十二年（1362 年）改为洪都府，次年更名南昌府。

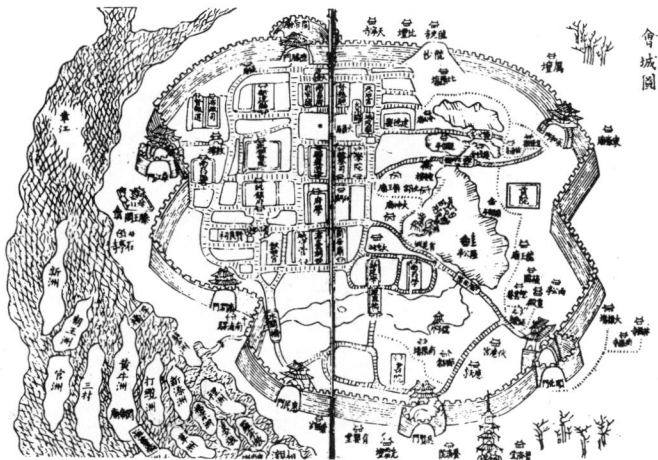

明朝时期的南昌城池图

南昌府的名胜古迹很多，最为著名的就是"滕王阁"。其因初唐时期大文学家王勃的《滕王阁序》而名满天下，与岳阳楼、黄鹤楼一道被誉为"江南三大名楼"。

利玛窦在南昌期间通过石星的一个好朋友——王继楼医生的帮助，结交

滕王阁

了越来越多的上层人士，逐渐进入南昌的社交圈。其中有两位亲王即建安王朱多㮙、乐安王朱多㸅，还有江西巡抚陆万垓都与利玛窦成了好朋友，使得利玛窦的名声很快传遍全城。他在与达官贵人广泛交流的同时不断总结经验，将"学术传教"策略在实践中不断完善和定型，一度形成以"中西文化交流"为中心的传教模式。

在江西樟树，利玛窦再一次以中国读书人的形象出现在人们的面前。然而他在韶州府时已经做好了儒服并且穿戴过几次，而且韶州人毕也见过利玛窦的僧人装束。

他身着深紫色的绸制长袍，腰间束一条半掌宽的同色腰带，腰带上装饰的两根飘带一直下垂到脚部，再配上一顶用绸缎遮盖的轿子，俨然像个有教养的中国学者。他的这一举动，果然带来了不同寻常的效果。从此利玛窦出入中国学者的交际圈时更加游刃有余了。

万历二十三年（1595 年），利玛窦到南昌不久就应建安王朱多㮙的请求，辑译西方格言集，因为建安王朱多㮙很想了解西方人是如何"论及友道"的。利玛窦受宠若惊，很快就凭借记忆用汉语编写出这本格言集，起名为《交友论》，于 1595 年底刊印。利玛窦还介绍了撰写此书的缘由：

> 窦也，自太西航海入中华，仰大明天子之文德，古先王之遗教，卜室岭表，星霜亦屡易矣。今年春时，度岭浮江，抵于金陵，观上国之光，沾沾自喜，以为庶几不负此游也。远览未周，返棹至豫章，停舟南浦，纵目西山，玩奇挹秀，

计此地为至人渊薮也。低回留之不能去，遂舍舟就舍，因而赴见建安王。荷不鄙许之以长揖，宾序设醴欢甚。王乃移席握手而言："凡有德行之君子，辱临吾地，未尝不请而友且敬之。西邦为道义之邦，愿闻其交友道何如。"窦退而从述囊少所闻，辑成友道一帙，敬陈于左。吾友非他，即我之半，乃第二我也，故当视友如己焉。①

《交友论》

《交友论》最初为对话体，用拉丁文和中文写成，收录了西方基督徒和非基督徒圣贤论述友谊的格言共 76 条。1601 年，学者冯应京再刊印时，将格言改为语录体，并且增加到 100 条。《交友论》刊印的消息不胫而走，其大受中国士大夫的赞赏和欢迎，这的确出乎利玛

① ［意］利玛窦著，朱维铮主编：《利玛窦中文著译集》，上海：复旦大学出版社 2007 年版，第 107 页。

窦的意料。

早在先秦时期，中国人便很看重朋友间的友谊。孔子曰："有朋自远方来，不亦乐乎？"汉代以后，君臣、父子、师生、夫妻这些上下隶属关系的伦理道德被奉为至高无上的"纲常"，而反映人与人平等交往的交友之道则被冷落了一千多年。

所谓"礼失而求诸野"，明代万历年间社会上正遭遇前所未有的信仰危机，当人与人之间再度呼唤"友谊"的时候，自古重视伦理道德的中国人读到根据西方哲人的名言而改写的《交友论》，立马感到耳目一新。《交友论》虽然是为建安王朱多㸅所写，却在当时的文人中产生了广泛的影响。学者冯应京在《刻交友论序》中写道：

> 西泰子间关入万里，东游于中国，为交友也。其悟交道也深，故其相求也切，相与也笃，而论交道独详。嗟夫，友之所系大矣哉！……夫交非泛泛然相欢洽，相施报而已；相比相益，相矫相成，根于其中之不容已，而极于其终之不可解，乃称为交……京不敏，……视西泰子迢遥山海，以交友为务，殊有余愧，爰有味乎其论，而益信东海西海、此心此理同也……①

从这篇序言中，可以看到《交友论》为利玛窦在当时的中国文人中赢得了良好的声誉。

利玛窦在一封信中对他的欧洲朋友自豪地说：

> 这本书"为我与欧洲人争了不少光彩，比我所做的其他事情影响都要大……这本书介绍修养、智慧与文学，因此许多人非常喜欢这本书"。

利玛窦定居南昌时，还常应邀在九江附近的"白鹿洞书院"讲学，并与主持人章潢（1527—1608 年，字本清）建立了友好关系。

---

① ［意］利玛窦著，朱维铮主编：《利玛窦中文著译集》，上海：复旦大学出版社 2007 年版，第 116 页。

白鹿洞书院

利玛窦在寄回欧洲的信中曾写道：

在南昌附近的庐山有一间闻名的白鹿洞书院，众多学人、秀才来此讲学，研究人生的大道理，白鹿洞书院的读书人待我十分客气与景仰，对人生与身后重大问题常和我辩论……他们的院长章本清和我是最好的朋友，我们时常见面，（他）对我们的教义与礼规倍加赞扬。他遣发他的弟子来向我请教，对天主也赞颂不已。

然而他也承认，真正爱听他宣讲宗教道理的读书人只是极少数，而大多数人最感兴趣的还是他关于数学、天文和地理方面的新鲜知识。章本清将利玛窦送给建安王的《世界图志》临摹下来，以《山海舆地全图》为名，收在他所编辑的《图书编》里。

《图书编》内还收有另外两种版本的利玛窦绘制的地图：《舆地图》（上、下）和《昊天浑元图》。章本清还在《山海舆地全图》序中描述了由利玛窦所绘的世界地图而感悟到的“地域之无穷”的心情，他说道：

尝闻陆象山先生悟学有云：原来只是个无穷。今即舆地一端言之，自中国达四海，固见地无穷。然自中国及小西洋道途二万余里，使地止于兹，谓无有穷尽可也。

若由小西洋以达大西洋尚隔四万里余，矧自大西洋以达极西，不知可以里计者，又当如何？谓之无穷尽也，非与？此图亦自大西洋以至广东，其海上程途可以里计者如此……

万历二十三年（1595年），有一次在朋友安排的宴会上，利玛窦即兴为聚会者表演了他那令人吃惊的记忆术。利玛窦请一个中国人在一张纸上任意写了许多互无联系的汉字，他当众读一遍，然后就将其一字不错地背诵了

利玛窦表演记忆术

出来，接着又将那些字倒着背一遍。他这一惊人的记忆能力，令在座的客人瞠目结舌，拍案叫绝。这让毕其一生谋取一官半职的读书人心驰神往，大家都争相携带厚礼前来求教。

江西巡抚陆万垓还特意把利玛窦请到官邸，并且允许利玛窦等人在南昌长期定居；同时也请利玛窦将其记忆方法用中文写出来，以便教授他的子女。利玛窦为此撰写了《西国记法》一书刊刻。

《西国记法》分为六篇：原本、明用、设位、立象、定识、广资，内容主要是传授形象记忆法。利玛窦把欧洲的思维科学和中国的汉语文字巧妙地结合起来，又以标准的文言文表达出来。利玛窦认为记忆的器官是大脑，人们在想不起来某事的时候，总有"其手不觉搔脑

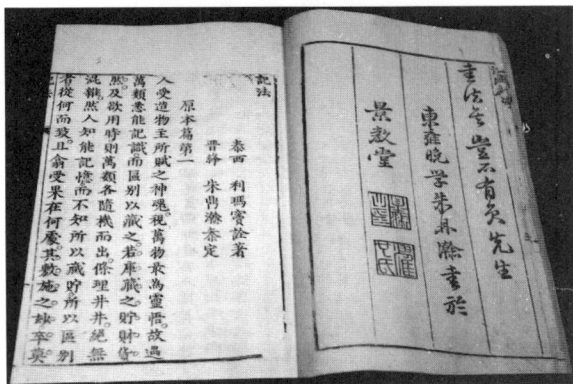

刊刻的《西国记法》

III

后"的习惯，这对于认为"心之官则思"的中国人来说是极为新鲜的，因此《西国记法》一书被称为"西洋传入中国之第一部心理学书"。

CHRISTOPHORI
CLAVII BAMBERGENSIS
E SOCIETATE IESV.

ASTROLABIVM

CVM PRIVILEGIO.

ROMAE,
Impensis Bartholomei Grassi.
Ex Typographia Gabiana. M. D. XCIII.

SVPERIORVM PERMISSV.

《论星盘》

1596 年 11 月，利玛窦在南昌收到了他的老师克拉维乌斯出版的新书《论星盘》（*Astrolabium*，1593 年出版）。为了吸引中国人，利玛窦便常拿这本书作为蓝本向中国学者讲解西方的天文知识，徐光启、李之藻也从利玛窦那里受到了这方面的教诲。不仅如此，李之藻还通读了全书，并且在 1605 年写了一本叫《浑盖通宪图说》的书，节译了《论星盘》的许多内容。

《论星盘》主要介绍有关星盘制作过程的天文学，但是在阐述的时候却运用了大量的数学知识。

而星盘的具体做法，都是在圆锥曲线知识的基础上一步步严格推理出来的。因此可推断，利玛窦既然给李之藻讲授了此书，肯定也给李之藻传授了圆锥曲线的知识①。

二、结识名儒，西方哲理聚南京

从 1599 年 2 月入住到 1600 年 5 月离开，南京是利玛窦最后进入明帝国都城北京的一个中转站，是他达到其事业高峰的一个不可缺少的台阶，是天主教文化传播的转折点，在其在华生涯中占据了非常重要的位置，对他日后的成就产生了极其有益的作用，而这一切都与南京特殊的地位和作用相关联。

利玛窦在南京度过的岁月虽然仅仅一年多一点，却是他一生中一个承前启后的关键阶段。

南京是中国著名古都和世界历史文化名城。约 30 万年前，南京就

---

① 杨泽忠：《利玛窦与非欧氏几何在中国的传播》，《史学月刊》2004 年第 7 期，第 36～40 页。

有了古人类的活动；6 000 年前南京就出现了原始村落，聚居着本地原始居民，时至今日已经历了无数代的生息繁衍。

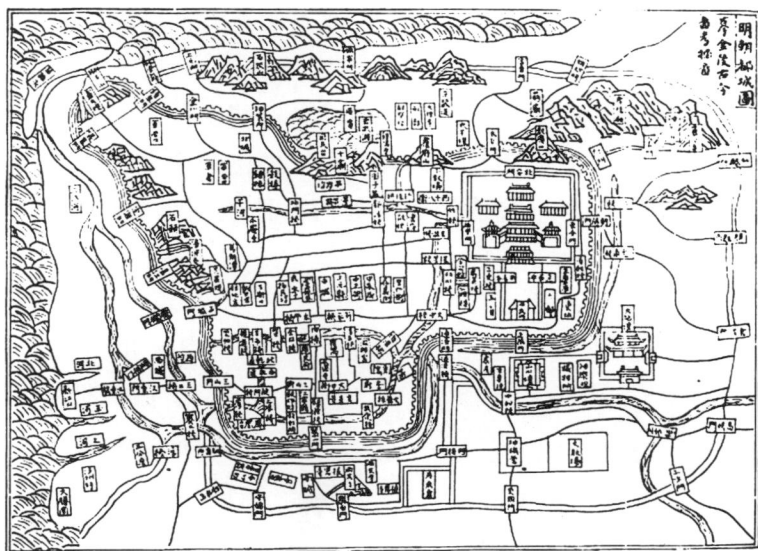

明朝时的南京城池图

公元前 472 年，越王勾践在雨花台下筑城，史称"越城"，这是南京建有城堡的最早记载。南京在历史上先后被称为越城、金陵、石头城、建业、江宁、应天、天京等。1368 年，朱元璋登上皇帝宝座，国号大明，下令改应天府为"南京"，南京的名称就是从这个时候开始使用的；1421 年，明成祖朱棣迁都北京，允许南京保留皇宫，设五府、六部、都察院等中央机构，使之成为名副其实的大明帝国的"陪都"。

1598 年，利玛窦的一个朋友王忠铭来到南昌看望他。王忠铭原任南京礼部尚书，前几年辞官回家乡海南时路过韶州，与定居韶州的利玛窦相识。这时的王忠铭已经官复原职，而且准备在到任一个月后赴北京为万历皇帝庆贺诞辰，他对利玛窦的学识非常欣赏，答应带利玛窦进北京参与朝廷的历法修订。

1. 寄篱南京城

1598 年 6 月 25 日，利玛窦带领郭居静神父和两位澳门籍耶稣会修士钟鸣仁和游文辉，随王忠铭再次来到了南京。这时的南京政治气氛仍然很紧张，由于中日在朝鲜的战争仍然在持续，南京的达官贵人不敢公开地接待利玛窦等人。

而利玛窦本来准备随王忠铭一起启程去北京，因此没有上岸住宿。晚上利玛窦住在客船里，白天乘着遮盖严密的轿子去拜访他的朋友们。

南京巡抚赵可怀得知利玛窦就是世界地图的作者并且已经来到南京，喜出望外，立即派卫队长赍信前往王忠铭的住处，请求尚书大人尽快将地图的作者利玛窦请到巡抚衙门。他说利玛窦神父声名远扬，他很久以前就想要会见他了。

利玛窦在南京

利玛窦应邀来到了巡抚衙门，并赠送了巡抚赵可怀几件欧洲的礼品。赵可怀高兴地收下了礼品，并和他进行了"无拘无束"的谈话。他们讨论了数学问题和一些欧洲的奇闻逸事，临别前赵可怀赠送利玛窦一大笔去北京的路费。

1598年9月7日，利玛窦终于实现了他梦寐以求的愿望，第一次来到了明朝帝国的都城北京。利玛窦开始时居住在王忠铭的家中，但是，王忠铭原来期望的改任北京礼部尚书的愿望没有实现，他便在给皇帝祝寿后回到南京。然而，中日在朝鲜的战事使北京的老百姓产生了对外国人的戒备心理，使得不论是王忠铭的朋友，还是利玛窦的朋友，都没有人愿意在这个时候收留利玛窦这个外国人，甚至都不愿意在家中接待他的访问，于是利玛窦决定离开北京南下。

利玛窦将郭居静暂留于山东布政司东昌府临清县度过冬天，自己骑马走旱路，沿运河南下先到苏州看望他的老朋友瞿太素。在行进的路途中，利玛窦腹痛严重，到达丹阳时已是精疲力竭，最后坐手推车来到瞿太素的家，受到瞿太素极为热情的款待。在瞿太素的悉心照料下，利玛窦医治好了在旅途中因劳累而感染的疾病。

瞿太素建议利玛窦选择苏州安身，他认为"南京的大官太多，很难期望他们全部对天主教会采取友好态度。很容易发生这样的事：由于某种原因，某个大官可能反对神父们并把他们赶出住所，不光彩地

遭送出境"。而在苏州定居也必须到南京去一趟,因此,瞿太素请王忠铭给苏州的地方官员写一封书信来关照利玛窦。

当时正值春节期间,利玛窦和瞿太素先到镇江,与在那里任知府的老朋友王应麟一起欢度佳节。然后,于1599年2月6日第三次进入南京城。这次南京城的气氛与前两次全然不同,因为发动对中、朝战争的日本关白丰臣秀吉得疾病死了,他临死前命令日军撤出朝鲜,于是困扰明朝多年的战争终于结束了。利玛窦等人先在位于旧城中心、内桥东南不远的一个叫作"承恩寺"的庙宇落脚,几天之后就去拜访南京礼部尚书王忠铭。王忠铭劝利玛窦在南京买房子定居下来,并说南京的气候很好,他也愿意保护他们的安全。没过几天,王忠铭便以传统的礼仪前来回访,并将利玛窦接到他的府第共度元宵节。南京城的元宵节自然非一般城市可比,利玛窦感叹道:"中国的春节期间,人们在一个月内耗费的硝石、火药,比欧洲连续作战两三年还要多。"

利玛窦被南京城彻底征服了。他看着南京这座大城市,未免眼花缭乱,虽然他事先研究了中文书籍中对南京城的描述,但心里还是难以置信的。明代的南京城极其雄伟壮观,堪与16世纪欧洲最大的首都城市相比拟,利玛窦甚至称其为东方的"佛罗伦萨"。

继礼部尚书王忠铭对利玛窦的高规格招待后,刑部尚书赵参鲁、刑部侍郎王樵、户部尚书张孟男、礼部侍郎叶向高、国子监祭酒郭明龙、翰林院编修杨荆岩、文学家祝世禄等,还有一些知名学者如李心斋、王肯堂等纷纷来访,许多人还盛情邀请利玛窦到他们家里去住。

南京官员和学者们的热情改变了利玛窦定居苏州的初衷。不久,利玛窦根据工部员外郎刘冠南提供的信息,以很低的价格买下了一处据说因常常"闹鬼"而无人敢住的房子,称之为"罗寺湾公所"。其位置在正阳门西营崇礼街,"四周可以看到皇宫和各部衙门",是南京城市中心的黄金地段,利玛窦在这里一直居住到他第二次进入北京(1600年5月中旬)。

经过了大半年的旅途劳累后,利玛窦终于安心地在南京定居下来,这是他在中国大陆的第四个寓所。此时,利玛窦已经被远东视察员范礼安神父任命为中国教区的全权负责人(监督)。可以说,随着利玛窦的到来,在那一短暂的时期,南京成为中西文化交流的中心。

在南京,利玛窦用对中国人来说很是新奇的欧洲科学知识震惊了

整个中国科学界。他以严密的逻辑推理，证明了欧洲现有的、科学的和新颖的真理。利玛窦再一次向中国人介绍了大地是一个球体，从而改变了中国人"天圆地方"的观念；同时他还告诉国人我们居住的地球吸引着有重量的物体，人们可以居住在地球的相反两面而不会跌下去。

他向人们解释"月食"是由于地球走到太阳和月亮中间而发生的；他将"天空是由坚固实体构成的，星体是固定的""椭圆轨道、周转圆""地平线、极地的高度""昼夜的长短""地球的表面构造""按子午线、纬线和度数来划分地球表面""赤道、热带、两极"以及怎样使用日晷等基础知识向人们做科普宣传。

利玛窦用这些新知识，很快融入中国知识阶层的学术领域，为欧洲科学赢得了荣誉。在南京期间，他用中文写了《四元行论》一书①，否定了中国人持有的"金、木、水、火、土"这一世界本原观点。他确立了四种元素，规定了它们的位置并用图例加以描述。这本小册子引起了中国知识分子的极大兴趣，并被印刷许多册，像利玛窦的其他科学著作一样获得了社会各界很高的称赞。

2. 结交徐光启等名流

在生活和人身安全得到保障之后，利玛窦在南京开始了天主教文化的传播活动，并由此结交了大量政界和学术界的朋友。在林金水先生的《利玛窦与中国士大夫交游一览表》一书中所涉及的142名人物里，有31名是利玛窦在南京结识的。除了上述提及的那些朋友之外，还有南京大理寺卿李本固、刑部侍郎王汝训、吏部主事吴中明等，而且有很多在南京任职的官员后来都成了北京朝廷的顶级人物。如叶向高后来升任北京礼部尚书，并且进入内阁任首席内阁大学士许多年，他热心照顾进入北京后的利玛窦，给予了别人无法替代的帮助。

焦竑像

① ［意］利玛窦、［比］金尼阁著，何高济等译：《利玛窦中国札记》，北京：中华书局1983年版，第350页。

值得一提的是，利玛窦在南京结识了德高望重的明朝状元焦竑（1540—1620年，字弱侯），并且在焦竑的家中第一次见到了具有反叛思想的李贽（1527—1602年，字宏甫，号卓吾）。

李贽十分清高，从不拜会高官显爵，却屈尊先行前来拜访利玛窦。他们在反对宋明理学方面找到了共同语言，并成为好朋友。当1600年利玛窦再次进京时，李贽还给他的几位北京朋友写信并帮助利玛窦修改了准备呈递给万历皇帝的奏疏。

李贽与利玛窦的友谊是中西方文化交流的典型范例。李贽在一封给朋友的信中对利玛窦给予了很高的评价：

> 西泰（即利玛窦）大西域人也……知我大明国土先有尧、舜，后有周、孔……今尽能言我此间之言，作此间之文字，行此间之礼仪，是一极标致人也。利公（利玛窦）中极玲珑，外极朴实……我所见人未有其比……皆让之矣。

更为重要的是，利玛窦在南京第一次认识了徐光启，这位当时中国思想最为进步和开放的知识分子。1600年，徐光启进北京参加会试匆匆路过南京。他曾在韶州的天主教堂见到过郭居静神父，耳闻了利玛窦的事迹和道德

结识李贽和徐光启等名儒

学问，也目睹过利玛窦绘制的世界地图。这次徐光启终于见到了仰慕已久的利玛窦，由于赶考，他在南京仅与利玛窦短暂会晤，其间利玛窦赠送给徐光启一本他自己的著作《天主实义》，震撼了徐光启的心灵，也奠定了二人终生友谊的基础。

徐光启后来（1604年）在一篇序文中写到他与利玛窦认识的经过："昔游岭嵩，则尝瞻仰天主像设，盖从欧罗巴海舶来也。已见赵中丞（可怀）、吴铨部（中明）前后所勒舆图，乃知有利先生焉。间邂近留都，略偕之语，窃以为此海内博物通达君子矣。"

徐光启不久后担任了内阁大学士的要职，从一定意义上说，明末的中西文化交流史就是利玛窦与徐光启两人领衔书写的。利玛窦和徐光启两人黄金时代的合作地点固然是在北京，但其起点却是在南京。

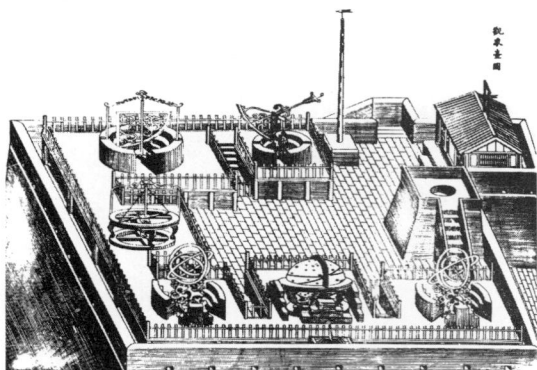

利玛窦在南京还曾参观访问了明朝皇家钦天监，第一次见到了中国皇家天文台精美的天文仪器。他惊叹中国古代的天文仪器"规模和设计的精美远远超过曾在欧洲看到的和知道的任何这类东西。这些仪器虽经受了近250年的雨、雪和天气变化的考验，却

南京的观星台

丝毫无损于它原有的光彩"。他在札记中详细地记录了浑天象、浑天仪、量天尺和简仪四件大型仪器，据说这些都是元代科学家郭守敬制造的原件，而他后来在北京看到的天文仪器则应该都是复制品。

天球仪复制品

地球仪复制品

利玛窦有幸目睹了中国最高档次的天文仪器，同时他也不失时机地向中国学者介绍西方的天文学知识。他制造了"标明着天体的天球仪和标明整个地球表面的地球仪及其他仪器"，还制造了各种样式的日晷分送给他的朋友们。之后，利玛窦还萌生了帮助明朝廷修改历法

的想法。

他在南京起草的给皇帝的奏疏中自称："天地图及度数，深测其秘。制器观象、考验日晷，并与中国古法吻合。倘皇上不弃疏微，令臣得尽其愚，披露于至尊之前，斯又区区之大愿。"这一美好愿望经利玛窦和徐光启锲而不舍地推动，终于在他逝世近20年后由徐光启和后继的传教士们精诚合作一起实现了。

3. 再绘世界地图

从《利玛窦中国札记》中可以得知在南京期间，利玛窦应南京吏部主事吴中明的一再请求，再次修订和补充了他所绘制的世界地图。他认为世界地图是开阔中国文人眼界的利器，并"非常乐于从事（绘制世界地图）这项工作"，因此，他赢得了许多中国精英们的尊重和信任。

利玛窦在中国期间，曾绘制和修订了许多版本的世界地图。第一版世界地图是在肇庆绘制的，到南京以后，他又绘制了两个版本，并为在南京重新绘制的这一版本的世界地图取名为《山海舆地全图》。

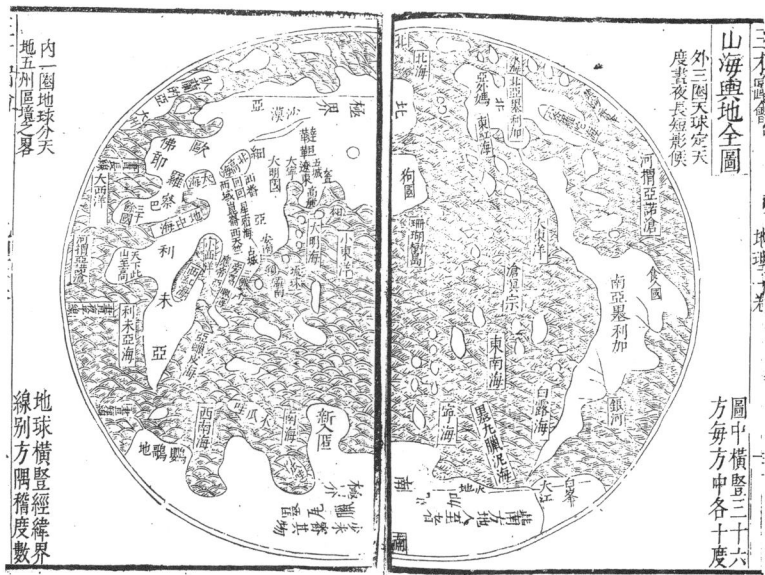

《山海舆地全图》

吴中明"对这一新版世界舆图非常高兴，他雇了专门的刻工，用

公费镌石复制，并刻上了一篇高度赞扬世界舆图及其作者的序文"。这次出版的世界地图"在精工细作上和印行数量上都远远超过原来广东的那个制品，它的样本从南京发行到中国其他各地，到澳门甚至日本"。

利玛窦与中国学者

后来冯应京将南京版的《山海舆地全图》辑入他所编撰的《月令广义》中而刻印发行，还在北京摹刻了题为《方舆胜略》的东西两半球图；而贵州巡抚郭子章也根据《山海舆地全图》，将其缩刻为"便于观览"的小册子，并为之撰写了序言。至此，世界地图便成了中西文化交流的又一力作。

4. 第二次传播西方几何

与此同时，西方数学也随着利玛窦的脚步，在南京得到了进一步的传播和发展。早在韶州期间，瞿太素就拜利玛窦为师学习数学，可以说他是第一位学习西方数学的"研究生"。到了南京以后，更多的中国文人想做利玛窦的学生，而利玛窦仅仅收了3个学生。其中一人名叫张养默，他的生平无从考证，只知道是学者王肯堂推荐的学生。

艾儒略在《大西西泰利先生行迹》中曾提及张养默，他说："就利子学业，……厥后张子于浑位度数之学，即有通晓云云。"利玛窦很喜欢张养默，因为张养默很聪明和好学，并且常常向利玛窦请教几何学问题。他"个性很强，不甘落人之后。利玛窦神父所讲的内容，他都当作金科玉律接受，一点也不质疑"。

在利玛窦的指导下，张养默自学了欧几里得的《几何原本》第一卷，这本书有可能是瞿太素在韶州翻译的。后来张养默"用中文印刷自己的教科书"，可能他试图将欧几里得几何学全部翻译成中文，很遗憾没有成功，但也应该看作是一次有益的尝试。

当利玛窦讲授如何传播天主教的律法时，张养默就对老师说："不必与异教邪说进行反驳和辩论，只专心教授数学就好，用数学知

识就足以达到启迪中国人心灵的目的了，中国人知道了物质世界的真理后，自然就会看出邪教是不足取信的。"

通过数学推理，张养默理解了关于日夜交替和日食、月食形成的理论。借着张养默等学生们的帮助，利玛窦"制造了各种样式的日晷，还制造了标明着天体的天球仪和标明整个地球表面的地球仪及其他仪器"①。

因此，利玛窦给张养默讲授过天文知识和球极投影知识应该是肯定的，也很有可能给王肯堂介绍过投影知识。

这可以从如下情况来推测：王肯堂和利玛窦很熟悉，常在一起谈天论道。在王肯堂编纂的《郁冈斋笔麈》第三册中，就出现了西方天文学的内容。如第一题是"照视皆直线"，第二题是"圆尖之体其底必大"，第三题是"光体大物体小必照大半其黑影必尖"等。这是中国古代没有的知识，但必须要准确地理解投影原理才能得出。

关于利玛窦给徐光启讲授投影原理的事实，我们可以从他和熊三拔合译的《简平仪说》的序言中看到。简平仪也是星盘，是其一种比较简单的变形。这本书主要讲授了简平仪的各种用法，在这里徐光启说：

> 其最小者是仪，为有纲熊先生所手创，以呈利先生，利先生嘉叹。偶为余解其凡，因手受之，草次成章，未及详其所谓故也。若其言革也，抑亦文豹之一斑矣。

另外，据记载徐光启还曾著有《平浑图说》《日晷图说》和《夜晷图说》三部书。可惜已经遗失，如果能找到的话，也许我们了解的还会更多一些。

5. 与佛教徒的较量

利玛窦在南京还曾应邀聆听了在天坛（即大祀殿）演奏的祭祀音乐，不仅对中国的乐器和音乐有了初步的认识，也亲身感受了皇家乐团演奏时的恢宏气派。

他认为中国乐器的音律与欧洲乐器的音律不同：

---

① ［意］利玛窦、［比］金尼阁著，何高济等译：《利玛窦中国札记 传教士利玛窦神父的远征中国史》，桂林：广西师范大学出版社 2001 年版，第 180 页。

这些乐器"一齐鸣奏，其结果可想而知，因为声响毫不和谐，而是乱作一团。中国人自己也知道这一点，他们的一位学者有一次说，他们祖先所知道的音乐艺术经过几百年已经失传了，只留下来了乐器"。

利玛窦隐隐约约地感觉到，佛教在南京的影响力要更大一些，很多官员和文人也都不同程度地信仰佛教。据《利玛窦中国札记》记载，利玛窦在南京与佛教高僧三淮和尚进行过一场激烈的辩论。

利玛窦说：三淮和尚不同于那些由于懒散无知而声名狼藉的寺僧，他是一位"热情的学者、哲学家、演说家和诗人"。他们辩论了有关"天主存在""认识论"和"人性的善和恶"等问题。

利玛窦在此场合不仅宣传了他的天主教，而且在辩论中也运用了西方的逻辑学原理。他感觉在座的人对自己的论点十分满意，他自认为取胜了，可是佛教高僧三淮并没有认输，当然更不可能放弃他的信仰。

利玛窦借此机会扩大了影响力，得到了很大的收获。他们辩论的话题也引起在座客人的广泛兴趣，"以致后来在他们的集会上，他们又对这些问题讨论了好几个月"。利玛窦认为，更重要的是中国文人们"终于得出结论：他们原先以为是蛮夷之道的，实际上并不如他们所想象的那么野蛮"。

利玛窦在南京所做的这些有关西方数学以及科学文化的传播活动，都为他将来在北京的传教事业奠定了坚实的基础。因此，在南京的这段时期，也成为利玛窦借以传播天主教的"适应性策略"和"学术传教"策略日趋成熟的时期。

三、定居京都，典籍互译刊几何

北京在历史上曾为六朝都城，它有3 000余年的建城史和850余年的建都史，是国家级历史文化名城。贞元元年（785年），金朝皇帝海陵王完颜亮首先建都于北京，此后元朝、明朝、清朝的都城均建立于此，与西安、洛阳、南京并称为中国"四大古都"。

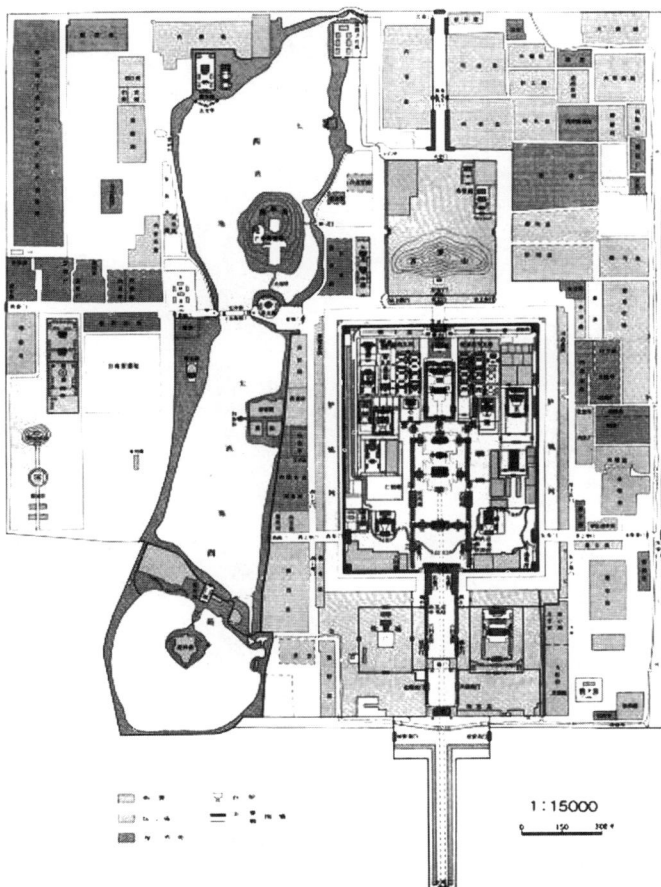

明皇城　天启—崇祯年间（1621—1644 年）

据史书记载，北京在公元前 11 世纪是燕国的都城，称为"燕都"或"蓟都"；两汉、魏、晋、唐代都称"幽州"；辽太宗会同元年（938 年），改称"燕京"；元世祖至元九年（1272 年）改称"元大都"；元朝定都北京后，称其为"汗八里"；明朝洪武元年（1368 年），又改称为"北平"；明朝永乐元年（1403 年），重将"北平"改为北京。

万历二十八年（1600 年）五月十八日，利玛窦和西班牙籍传教士庞迪我（Didacus de Pantojfa, 1571—1618 年）等人一道告别南京，向北京进发。

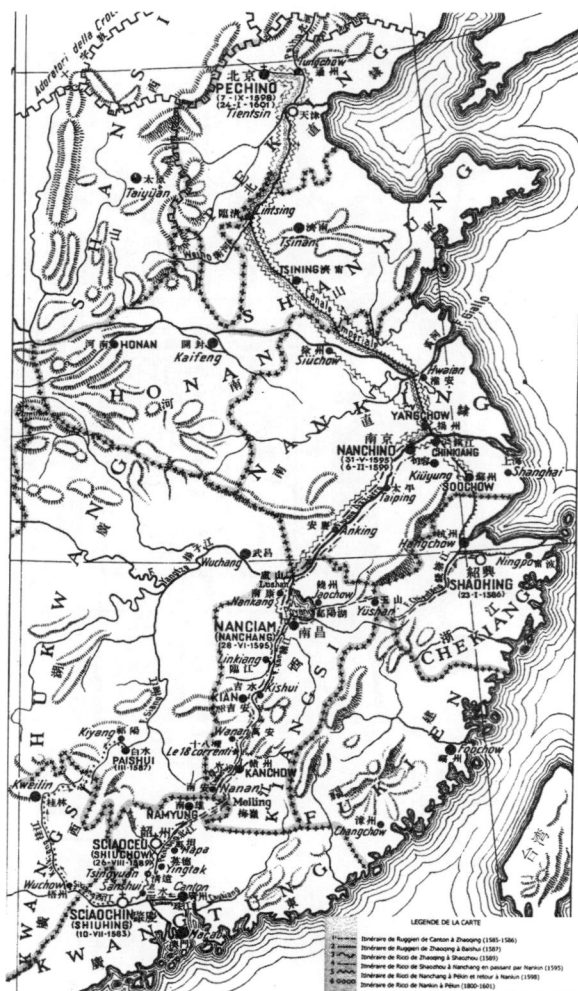

利玛窦进京路线图

此时的北京，由于发动战争的日本关白丰臣秀吉病死，日方不战而败，解除了朝鲜战局的危险形势，中国国内的气氛也随之缓和许多。利玛窦在中国的最终目的地是北京，南京不过是"途经之点"，在历经许多艰险后，利玛窦等人于万历二十八年（1600 年）一月二十四到达北京。至此，利玛窦精心准备的第二次进京之旅终于获得成功。

万历皇帝很喜欢利玛窦带来的西洋贡品，命令新任的礼部尚书冯琦安排利玛窦等人定居北京事宜。朝廷除了给利玛窦等人发放俸禄外，还在宣武门内赐予传教士一处宅基地，建起了北京第一座天主教堂，即现在的"南堂"。

北京宣武门教堂（南堂）

1. 献给万历皇帝的礼物

利玛窦进北京时带给明朝神宗皇帝（即万历皇帝朱翊钧）许多欧洲的礼物，这些贡品中国人从来没有见到过，因此，都被看作奇珍异宝。利玛窦为了使向皇帝贡献的礼物更加引人注目，还特意让人从澳门带来一座大的自鸣钟和一幅绘制精美的圣母像，以及一些有关西方天文历法的书籍。

利玛窦进贡图

利玛窦和钟楼

利玛窦到达北京的当晚，太监们就急不可耐地挑灯登记贡品，第二天就将包括圣母像、大小两座自鸣钟、《万国图志》、西洋琴等在内的30多件贡品送进宫中。

万历皇帝是中国历史上有名的爱财如命、贪玩懒政的皇帝，他看到利玛窦进贡的如此精美的礼物，高兴得不能自禁，尤其是一大一小的两架自鸣钟更使他爱不释手。

为了安置那座大的自鸣钟，万历皇帝下旨在皇宫里建造一座钟楼，将自鸣钟放在上面，并且特命四名太监专门向神父学习自鸣钟的性能以及管理保养的方法。据《续文献通考》记载：

"大钟鸣时，正午一击，初未二击，以到初子十二击；正子一击，初丑二击，以到初午十二击。"就是说，中午一点打一下，两点打两下，直到晚十二点打十二下；夜里一点打一下，两点打两下，直到中午十二点打十二下。而"小钟明刻，一刻一击，以至四刻四击"。即小钟是十五分钟打一下，到整点时，打四下。时针在"滴达滴达"清脆的声音伴随下，不停地移动，一到整点便"当、当、当"地报起时来。

利玛窦带来的西洋钢琴

利玛窦的贡品中还有西洋琴（钢琴）。据《续文献通考》记载："万历二十八年，西洋人利玛窦来献其音乐，其琴纵三尺，横五尺，藏椟中弦七十二，以金银练铁为之。弦各有柱端通于外，鼓其端而自应。"这是最早传入中国的钢琴。

万历皇帝派宫中乐师登门求教操琴技法，由耶稣会神父庞迪我执教十天，教乐师们弹会了几首乐曲。利玛窦将这八首曲子填上中文歌词，于是就有了《西琴曲意》（八章）一书。这八首歌词的题目是：《吾愿在上》《牧童游山》《善计寿修》《德之勇巧》《悔老无德》《胸中庸平》《肩负双囊》和《定命四达》，歌词中无疑宣扬了一些基督教的教义。

2. 利玛窦与徐光启翻译刊印《几何原本》前六卷

利玛窦在北京的科学活动，主要集中于翻译和出版科学著作等方面。早在意大利罗马学院读书期间，利玛窦曾师从数学家克拉维乌斯（丁先生），潜心钻研过欧几里得的平面几何学，已经具备了比较高的数学水平。徐光启在《刻〈几何原本〉序》中说：

利先生从少年时，论道之暇，留意艺学，且此业在彼中所谓师传曹习者，其师丁氏，又绝代名家也。

来到中国肇庆传教时，利玛窦发现中国人对数学很感兴趣，于是便利用数学知识来作为与中国人交流的媒介。他在《利玛窦中国札记》中曾明确地提出这个想法：

> 多少世纪以来，上帝不止用一种方法把人们吸引到他身边。垂钓人类的渔人以自己特殊的方法吸引人们的灵魂落入他的网中，也就不足为奇了。任何可能认为伦理学、物理学和数学在教会工作中并不重要的人都是不知道中国人的口味的，他们缓慢地服用有益的精神药物，除非它有知识的佐料增添味道。①

这大概就是利玛窦潜意识中最早的"适应性传教"策略吧！

在韶州居住时，苏州学者瞿太素拜利玛窦为师，学习了西方数学，特别是欧几里得几何学与象数学。瞿太素根据听课笔记翻译出了《几何原本》第一卷，并将其在中国知识分子中间积极推介和传播。利玛窦到南京以后，有个叫张养默的人前来做利玛窦的学生，也对欧几里得几何学非常感兴趣，他在利玛窦的指导下，自学了《几何原本》，并尝试将部分内容翻译成中文，但终究未能继续下去。

在利玛窦到达北京获得定居资格并且传教事业有了一定起色之后，学者徐光启便建议利玛窦抽时间翻译一些西方的科学书籍，以便作为中国人了解天主教文化的有益的补充。利玛窦马上决定第三次翻译欧几里得的几何学，徐光启也推荐了一个姓蒋的举人来帮助利玛窦完成这项工作。

但利玛窦与蒋姓举人之间的合作并不理想。他曾对徐光启说，翻译科学著作这项工作，必须要有天分突出的学者的配合才能完成，而那位蒋姓举人恰恰天分不足。利玛窦在《几何原本·引》中将前几次翻译工作辍止的原因归结为：

> 东西方文化中，文理科相差过于悬殊，想寻找确切的字词，而又往往找不到。虽然口头翻译勉强过得去，但是一落实到书面文字上，就觉得艰涩难懂了。

---

① ［意］利玛窦、［比］金尼阁著，何高济等译：《利玛窦中国札记 传教士利玛窦神父的远征中国史》，桂林：广西师范大学出版社2001年版，第120页。

万历三十四年（1606 年）秋，徐光启决定亲自与利玛窦合作翻译《几何原本》。每天下午三四点时，徐光启准时来到利玛窦的住所，由利玛窦口授，他则以笔记之，每次工作三四个小时。对每一个名词概念，他们都反复斟酌，仔细推敲，尽量使用汉字中已有的词汇准确地表达数学概念。我们现在所使用的点、线、角、平面等名词术语连同书名《几何原本》，都是利玛窦与徐光启确定下来的。

徐光启和利玛窦《几何原本》中译本的一个伟大贡献在于确定了研究图形的这一学科的中文名称为"几何"，并确定了几何学中一些基本术语的译名。

"几何"的原文是"geometria"，徐光启和利玛窦在翻译时，取"geo"的上海话音译为"几何"，而"几何"二字中文原意又有"衡量大小"的意思。用"几何"译"geometria"，音义兼顾，确是神来之笔。几何学中最基本的一些术语，如点、线、直线、平行线、角、三角形和四边形等中文译名，都是这个译本定下来的。这些译名一直流传到今天，且东渡日本等国，影响深远。

根据有关资料推测，利玛窦和徐光启最初的翻译过程还比较顺利，因为有以前瞿太素和张养默翻译的《几何原本》第一卷做参考。后来就逐渐困难起来了，仔细分析可能有两方面的原因：一是利玛窦熟悉《几何原本》，但不太熟悉中文表达和书写；二是徐光启尽管熟悉中文，却少有数学基础。虽然徐光启以前熟读过四书五经、兵书、农书和医书等内容，但是对天文历算方面的书却未涉猎过。所以，双方翻译得都很费劲。

为了用词恰当和准确，他们不得不向其他的知识分子请教，[①] 包括当时在北京的庞迪我神父和熊三拔神父，还有常来探讨学术和教义的杨廷筠、李之藻、叶向高、冯应京、曹于汴、赵可怀、祝宰伯、吴大参等人。因此，《几何原本》应是集体劳动的成果。

对徐光启而言，《几何原本》有严整的逻辑体系，其叙述方式和中国传统的《九章算术》完全不同。对于这种区别于中国传统数学的特点，徐光启有着比较清楚的认识。他还充分认识到几何学的重要意义，曾说"窃百年之后，必人人习之"。

---

① 杨泽忠：《利玛窦中止翻译〈几何原本〉的原因》，《历史教学》2004 年第 2 期，第 70 ~ 72 页。

《几何原本》封面

　　经过半年多的努力，1607 年 5 月下旬，利玛窦与徐光启终于顺利地翻译完了《几何原本》前六卷，也就是欧氏几何的平面几何部分。原书共十五卷（克拉维乌斯注释的拉丁文版本），至于为什么只译出前六卷，众说纷纭。

　　其一说：徐光启有意一鼓作气将其译完，但是利玛窦认为先将此六卷刻印散发，假使人们学习之后，觉得确实有用处，再继续翻译也不迟。据说在《几何原本·引》中，有利玛窦欲停止继续翻译的记载："太史意方锐，欲竟之，余曰止，请先传此，使同志者习之，果以为用也，而后徐计其余。"但是这个引言是徐光启代替利玛窦，并以利玛窦的口吻写的。所以，利玛窦主动中止翻译《几何原本》的观点就十分可疑了。

　　其二说：利玛窦以传教为主业，翻译《几何原本》不过是他接近中国知识分子的一种手段，他也没有将主要精力放在这里，也就是说利玛窦担心后面的翻译太困难了，会花费很多时间从而耽搁传教事务。

　　然而通过之前的翻译工作，他们之间已经明显配合得比较默契了，徐光启也掌握了不少平面几何知识，翻译的速度也快起来了，利玛窦怎么会凭空担心后面的困难会影响传教呢？况且利玛窦当时的教务工作并不繁重，所以这又是自相矛盾的说法。

　　其三说：利玛窦在大学期间只学习了欧几里得几何学前面的内容，没有学过《几何原本》后九卷的内容，也就不懂立体几何。因此，未能完成此项任务。然而这种说法已经被学者杨泽忠撰文予以澄

清，并且可以肯定地说，利玛窦是懂立体几何知识的，认为利玛窦不懂立体几何的说法是站不住脚的。①

其四说：利玛窦与徐光启刚刚翻译完《几何原本》前六卷，徐光启的父亲突然去世（1607 年 5 月 23 日），按照明朝的风俗习惯，徐光启暂时挂起官职，开始忙于一系列繁杂的丧事，之后将父亲的灵柩送回上海的老家安葬，并且在家服丧三年。

但是没有想到，等到徐光启 1610 年 12 月 15 日回到北京时，利玛窦已经去世（1610 年 5 月 11 日），他们未能继续合作翻译《几何原本》的后九卷，留下旷世之憾。

事实上，利玛窦与徐光启翻译《几何原本》之事可谓天时、地利、人和三者俱备，之所以中断后续的翻译过程，完全是意外事件造成的，若不是徐光启的父亲去世，也许他们还能继续翻译下去。

《几何原本》前六卷刻印出版后，士大夫争相传阅。五年后，徐光启和传教士们对该书加以校正，又刻印了《几何原本》第二版。清朝初期，数学学者杜知耕（字端甫）对《几何原本》做了一些删减，出版了《几何论约》七卷。另一位数学家方中通（1634—1698 年，字位伯）又做了若干删减，将其收录到他的著作《数度衍》二十四卷中。到了清朝康熙年间，清圣祖玄烨（康熙帝）还命人将《几何原本》翻译成满文，由此可见《几何原本》的影响力。

清朝乾隆年间的《四库全书总目提要》中曾评价《几何原本》：

> 有界说，有公论，有设题。界说者，先取所用名解说之；公论者，举起不可疑之理；设题则据所欲言之理，次第设之，先其易者，其次难者，由浅而深，由简而繁，推之至于无以复加而后已。

《几何原本》完全版（十五卷）的翻译工作，从 1607 年开始延迟了将近 250 多年，直到 19 世纪 60 年代（清朝末年），在曾国藩的资助和支持下，学者李善兰与英国传教士伟烈亚力才在上海合作翻译出《几何原本》的后九卷。至此，十五卷的《几何原本》最终得以全部出版发行。

---

① 杨泽忠：《利玛窦中止翻译〈几何原本〉的原因》，《历史教学》2004 年第 2 期，第 70 ~ 72 页。

李善兰与伟烈亚力像

李善兰（1811—1882 年），字竟芳，别号壬叔，浙江海宁人，自幼喜欢数学。1852 年，李善兰来到上海与伟烈亚力相约继续徐光启、利玛窦未完成的事业，合作翻译了《几何原本》的后九卷，并于 1856 年完成此项工作。至此，欧几里得的这一伟大著作第一次完整地引入中国，对中国近代数学的发展起到了重要的作用。

清朝康熙帝时期，朝廷组织编辑数学百科全书《数理精蕴》（1723 年），其中收有《几何原本》一书，但这是根据 18 世纪法国几何学教科书翻译的，与欧几里得的《几何原本》差别很大。

徐光启在评论《几何原本》时说过：

> 此书为益，能令学理者祛其浮气，练其精心；学事者资其定法，发其巧思，故举世无一人不当学。能精此书者，无一事不可精；好学此书者，无一事不可学。

其大意是：读《几何原本》的好处在于能去掉浮夸之气，练就精思的习惯，会按一定的法则，培养巧妙的思考，所以全世界的人都要学习几何学。能精通几何学的人，事事都精通；喜欢学习几何学的人，任何事都能学习好。

3. 利玛窦与李之藻合译《同文算指》《圆容较义》

利玛窦获得北京的居住资格后，学者李之藻便拜利玛窦为师，学

ARITMETICA
PRATTICA

COMPOSTA DAL MOLTO
Reuer. Padre Christoforo Clauio
Bambergense della Com-
pagnia di IESV.

Et tradotta da Latino in Italiano dal Signor
Lorenzo Castellano Patritio
Romano.

CON LICENTIA DE I SVPERIORI.

IN ROMA,
Nella Stamperia di Domenico Basa.
M. D. LXXXVI.

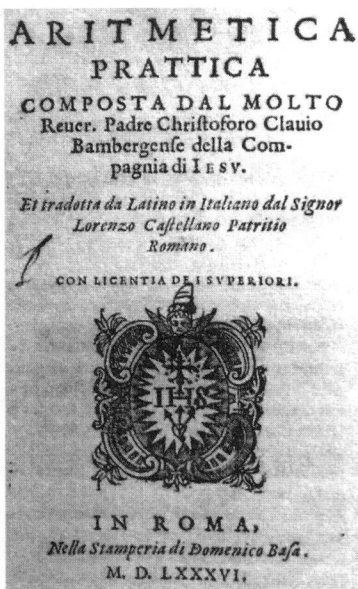

《实用算术概论》

习西方的科学知识。1603 年，在跟随利玛窦学习的过程中，李之藻对利玛窦的老师克拉维乌斯《实用算术概论》中的欧洲笔算内容产生了浓厚的兴趣，并开始着手翻译，历经五年左右完成，取名为《同文算指》。

这是利玛窦与李之藻合作翻译的一部重要的数学著作，分为《前编》《通编》和《别编》。《前编》二卷，包括自然数、小数和算术四则运算；《通编》八卷，包括用笔算解比例、盈不足、开方、级数、方程等；《别编》一卷，只论割圆术。

李之藻谈及翻译《同文算指》的原因时讲到，在北京的一次聚会上，利玛窦曾经当场表演过西方的笔算方法，这对于用惯了算盘的中国人来说是很新鲜的。于是李之藻"喜其便于日用，退食译之，久而成帙"。他认为西洋数学算法"加减乘除，总不殊中土；至于奇零分合，特自玄畅，多昔贤未发之旨；盈缩勾股，开方测圆，旧法最难，新法弥捷"。

《同文算指》翻译完成后并没有直接刊印，而是由徐光启审阅，并且两人共同研究。徐光启在《刻〈同文算指〉序》中说：

振之两度居燕，译得其算术如干卷。既脱稿，余始间请而共读之，共讲之。大率与旧术同者，旧所弗及也；与旧术异者，则旧所未之有也。旋取旧术而共读之，共讲之，大率与西术合者，靡弗与理合也；与西术谬者，靡弗与理谬也。振之因取旧术，斟酌去取，用所译西术，骈付梓之，题曰《同文算指》，斯可谓网罗艺业之美，开廓著述之途，

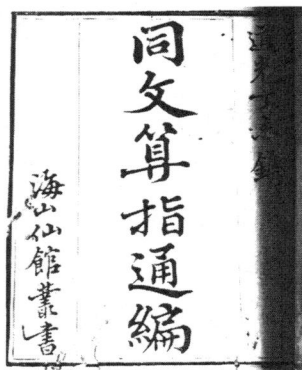

《同文算指通编》封面

132

虽失十经，如弃敝屦矣。①

1614 年，《同文算指》才得以刊刻，此时距李之藻完成《实用算术概论》的翻译工作已经有六年了，距利玛窦逝世也已有四年，而且两部著作在内容方面存在很大的差异。《同文算指》在编纂的时候，首先是"荟辑所闻"，然后还"间取《九章》补缀"，最后成书三编。可见，《同文算指》的编纂不仅是中西数学汇通的结果，应该还有更多的资料来源。②

《同文算指》刻印发行后，便因其精确的笔算方法而逐渐普及，并且被收入《天学初函》的"器编"以及《四库全书》的天文算法类，而且在中国、日本、朝鲜和其他国家或地区多次翻刻重印，这也是我国传统数学向近代数学转变的又一重要标志。

此外，利玛窦与徐光启、李之藻等人还合作翻译了《测量法义》《圜容较义》《浑盖通宪图说》等科学著作；用中文撰写了《乾坤体义》《西字奇迹》《二十五言》《畸人十篇》等书，并再版了一些早先在肇庆、韶州、南昌和南京写的书。

《圜容较义》封面以及某页内容

---

① ［意］利玛窦著，朱维铮主编：《利玛窦中文著译集》，上海：复旦大学出版社 2007 年版，第 648 页。

② 潘亦宁：《中西数学会通的尝试——以〈同文算指〉（1614 年）的编纂为例》，《自然科学史研究》2006 年第 3 期，第 215～226 页。

其中《圜容较义》分为十八个命题，分别讲述了多边形面积问题、锥体体积问题、圆内接多边形和外切多边形问题、球内切多面体问题等，这些内容都是利玛窦和徐光启翻译的《几何原本》中不曾有的知识。

特别是此书的第十八命题证明了"凡浑圆形与圆外角形等周者，浑圆形必大于圆角形"，也就是说表面积一定的球和旋转体相比，前者体积大。

为了更好地证明这个命题，李之藻还使用了椭圆作为辅助曲线，并且在书中多次使用阿基米德（Archimedes，前287—前212年）著作里有关圆的面积和体积的命题结论。可见，李之藻也向利玛窦学习过椭圆曲线等"非欧几何"知识。

李之藻在序言中讲道："昔从利公研穷天体，因论圜容，拈出一义，次为五界十八题。"

因此，《圜容较义》也可看作是利玛窦与李之藻合作的结晶。①

4. 修订、重印世界地图

利玛窦在肇庆居住期间，应知府王泮的邀请第一次绘制和刊印了中文版的世界地图（1584年版）；在南京居住期间，利玛窦受南京吏部主事吴中明之请，对第一版中文世界地图认真修订后再版。

第二版（1599年版）的世界地图印刷量很大，并且散发很广，还流传到日本、澳门等地。利玛窦定居北京后，工部官员、学者李之藻便向他学习地理知识和制作地图的技术。

1602年，李之藻放大、翻刻了利玛窦的中文版世界地图。随之，利玛窦再次修订了之前的中文版世界地图，将扩充的内容绘成六条合幅的《坤舆万国全图》，即被学术界称为1602年版的世界地图。

此番修订的世界地图和原来的相比，一是面积更大了，二是增加了若干个小的图形。在这些小的图形中，加入了利用太阳在黄赤二道错行中气之界限计算节气的方法。其方法以中横线为地平，直线为天顶，中圈为地体，外大圈为周天，以周天分360°来划分。这样，就将春、夏、秋、冬以及二十四节气划分得清清楚楚。"而其日影之射于

---

① 杨泽忠：《利玛窦与非欧氏几何在中国的传播》，《史学月刊》2004年第7期，第36～40页。

地者，则取周天所识，上下相对，透地心斜画之。太阳所离赤道纬度，所以随节气分远近者，此可略见。"这就是欧洲人所称的"曷捺楞马法"①。

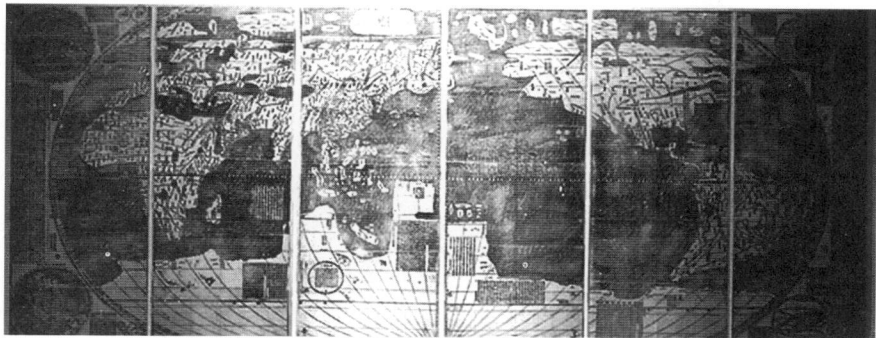

《坤舆万国全图》

此中文版世界地图全幅 361 厘米宽、171 厘米高，分为六幅，卷绕在精制木轴上，可谓典型的中西合璧之佳作。世界地图收录了 850 个地名，附上了 95 条注释，代表了 16 世纪欧洲比较先进的地理知识水平。

利玛窦在为该版世界地图写的《序》中指出，欧洲人对世界地理素有研究，他们重视远游，遍历四海进行实地考察，制图时注意以新知识更改旧知识。他还强调说，并不存在中国地理古籍《山海经》所述的"三首人""独臂人""无腹人"之类的国家。值得一提的是，利玛窦当时翻译的"大西洋""地中海""古巴""加拿大"等地名一直沿用至今。

万历三十六年（1608 年），利玛窦应万历皇帝之请将 1602 年的中文版世界地图再次重印。万历皇帝还兴致盎然地索要了 12 幅，分别悬挂在皇宫内的各个宫殿里。据台湾学者方豪统计，利玛窦绘制的各种版本的世界地图"从万历十二年（1584 年）起，到三十六年（1608 年）短短的十四年间，曾在肇庆、南昌、苏州、南京、北京、贵州等处，翻刻了十二次之多"。由于利玛窦等人的介绍和宣传，中国人对世界的了解大大地增加了。在《明史·意大里亚传》中，也有这样的记载：

---

① 杨泽忠：《利玛窦与非欧氏几何在中国的传播》，《史学月刊》2004 年第 7 期，第 36 ~ 40 页。

《万国全图》"言天下有五大洲：第一曰：亚细亚洲，中凡百余国，而中国居其一。第二曰：欧罗巴洲，中凡七十余国，而意大里亚（意大利）居其一。第三曰：利未亚洲（非洲），亦百余国。第四曰：亚墨利加洲（美洲），地更大，以境土相连，分为南北二洲。最后得墨瓦腊泥加洲（澳洲）为第五。而域中大地尽矣"。

可见利玛窦的《坤舆万国全图》已经被中国的有识之士所接受。

四、文化使者，利玛窦长眠中国

万历三十六年（1608年）以后，利玛窦的身体每况愈下，他自知将不久于人世。"忽然有一个思想涌到了脑海"，作为首批进入中国传教的传教士中的唯一幸存者，他觉得有必要将天主教如何传入中国的历史根据年代和事件发生的先后加以记载。

利玛窦认为："传教事业经过大规模的远征和轰轰烈烈的壮举，年深日久趋于成熟，但其创始时的情况，对于生活在这些事件以后很久的人们而言，却完全是一本未曾打开的书。这些传教事业开始时就被那么多、那么大的困难所干扰，以致我们有理由假定，如果参加这些活动的人都绞尽心力去完成他们的任务，就再没有什么时间，也没有什么余力来记录所发生的事件了。"

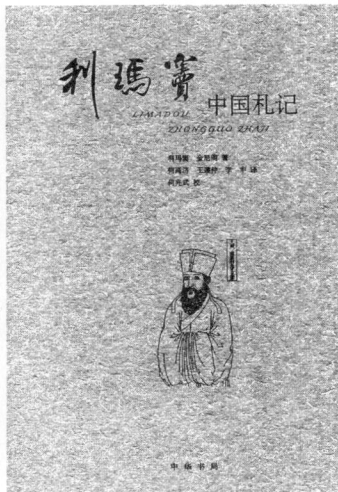

《利玛窦中国札记》的拉丁文版本和中文版本封面

于是利玛窦开始根据自己的记忆，以他的母语意大利语撰写《天主教传入中国史》（即中华书局出版的中译本《利玛窦中国札记》）。这部巨著不仅极其详细地记述了从沙勿略开始的耶稣会为进入中国所做的种种努力，记录了他自己从肇庆到北京的漫长历程，同时介绍了对欧洲人来说谜一样神秘莫测的东方古国——中国，包括版图、物产、人文与自然科学、政府机构、宗教习俗、风土人情等各个方面的情况。

《天主教传入中国史》的手稿，在利玛窦生前已基本完成。在他去世之后的万历四十二年（1614年），法国籍来华耶稣

金尼阁像

会士金尼阁（Nicolaus Trigault）得到了这份手稿，在回欧洲的漫长旅途中，金尼阁将其翻译成拉丁文，并补充了一些利玛窦本人的事迹以及他死后安葬的情况，于1615年在德国出版。

万历三十八年闰三月十九日（1610年5月11日），积劳成疾的利玛窦在北京溘然而逝，终年58岁。明朝神宗皇帝（万历帝）特赐"滕公栅栏"作为利玛窦的墓地，表明利玛窦及其天主教会获得了明王朝最高统治者的最终认可。

当时有一些朝廷官员对此持有异议，他们以"从无此例"来诘问内阁。内阁大学士叶向高曾这样反驳他们：

> 自古来华的洋人，其道德学问，有一如利子者乎？毋论其它事，即译《几何原本》一书，便宜赐葬地矣。

"滕公栅栏"原来是一处庙宇式的别墅，共有四进院落，红砖木柱，非常结实，当年建造时花费了40 000金币。它位于老北京的城西，并且远离闹市，是个读书休息的好住处（现在北京行政学院内）。神父们推测：

使他们获得这项产业的大臣们希望神父们有一个远离城市嘈杂和扰攘的地方，以便把更多欧洲的书籍译成中文，这是很多人都盼望的。

后来，礼部尚书吴道南和顺天府尹黄吉士还分别在别墅的大门上张贴了告示声明：没有神父的许可，任何人不得进入该地骚扰，否则将受到惩罚。不久后大门上悬挂了书有"钦赐"二字的匾额，表明其不可侵犯性。

利玛窦的墓葬也是中西合璧的，他的坟墓是欧式的，而墓碑则是中式的。高大的汉白玉碑体的上方，镌刻着龙的造型，并有代表耶稣会的标志"十字架和 IHS"。墓碑中间刻有一行大字："耶稣会士利公之墓"，右边是中文小字：

利先生讳玛窦，号西泰，大西洋意大里亚国人。自幼入会真修。明万历壬午年，航海首入中华衍教。万历庚子年来都，万历庚戌年卒。在世五十九年，在会四十二年。

左边是横向书写的拉丁文字，内容与中文所写的意思大体相同。

1611 年 4 月 22 日，利玛窦神父的棺木（为了防腐，棺木外面用沥青封得严严实实的）从他的故居南堂起运，由 24 人抬着迁往墓地下葬。从此，这位来自遥远的意大利国度的泰西儒士就永远与苍松翠柏为伍，"滕公栅栏"这一名字也逐渐闻名世界了。

崇祯八年（1635 年），在北京出版了一本记述当时京城景物的书，名曰《帝京景物略》，对新建不久的利玛窦墓地做了描写，题目就叫《利玛窦墓地》。文中首先简介了利玛窦的生平：

万历辛巳，欧罗巴国利玛窦，入中国。始到肇庆，刘司宪某，待以宾礼。持其贡，表达阙庭（朝廷）。所贡耶稣像、万国图、自鸣钟、铁丝琴等，上（皇上）启视嘉叹，命冯宗伯琦叩所学，惟严事天主，谨事国法，勤事算器耳。玛窦紫髯碧眼，面色如朝华。既入中国，袭衣冠，译语言，躬揖拜，皆习。

岭南文化书系

利玛窦：中西数学文化交流的使者

138

书中详尽地描写了利玛窦墓地的景色：

> 其坎封也，异中国，封下方而上圜，方若台圮，圜若
> 断木。

也就是说利玛窦的坟茔与中国通常的样式不同，下面是长方形而上面是半个圆柱体，下面像个方台，上面像半棵断木。坟后为一座六角"虚堂"（即亭子），供奉着十字架。在亭子的后墙饰有花纹，"脊纹，螭之岐其尾；肩纹，蝶之矫其须；旁纹，象之卷其鼻"，即这段短墙的上、中、下三部分的花纹各有不同：上边的像螭龙的尾；中间的像蝴蝶的须；下边的像大象的鼻，砌得异常精美。

清康熙年间，一位曾参与撰写《明史外国传》的文人——尤侗，吟诵了一卷《外国竹枝词》。其中一首这样写道：

> 天主堂开天籁齐，
> 钟鸣琴响自高低。
> 阜成门外玫瑰发，
> 杯酒还浇利泰西。

明清时期的利玛窦墓园

利玛窦墓碑

第六章　数学文化西成东就

16世纪80年代是欧洲殖民列强迅速扩张的时代，也是以耶稣会为主的天主教各修会大量派遣传教士进入中国的时期。在天主教传播历史上，教廷"一手拿着十字架，一手拿着宝剑"，以武力为前驱或遣派外交式的军队是其惯常使用的建立和巩固殖民地统治最行之有效的办法。①

但在与华夏文明的接触和碰撞中，西方的天主教文化并没有轻易突破明朝政府设置的闭关锁国的政策壁垒；加之中国社会人文环境的特殊性，迫使他们走"适应性传教"的道路。因此，利玛窦的"学术传教"策略便应运而生。

一、以数交友，适应策略注新意

利玛窦在中国充分汲取了其他传教士（如沙勿略）的经验和教训，实施了范礼安的"适应性传教"策略。他到达中国后不急于传教，而是学习中文和研究中国文化，并以儒士身份赁屋讲学，了解中国社会。他广泛结交上层社会的士大夫们，向他们传授欧洲的科学、技术和艺术，以自己的学识和过人的才智赢得了尊重，继而达到传播天主教义的真实目的。

他的这种"学术传教"策略大获成功，也形成了利玛窦独创的以传授西方数学为主要内容的"数学文化传播与交流模式"。

1. 传播数学是"学术传教"的前奏

数学文化的传播是利玛窦"学术传教"的一个工具及其核心组成

---

① 沈定平：《16—17世纪中国传教团与墨西哥教会的联系及其方法的比较研究》，《世界宗教研究》1999年第3期，第67~75页。

部分。利玛窦进入中国后，惊喜地发现中国上层人士对欧洲的科学和技术有浓厚的兴趣，尤其是对数学情有独钟。利玛窦在给教廷的信中说：

> 在我们的著作中，使中国人感兴趣的首推世界地图与数学之类的书籍，以及其他介绍新奇事物的书籍。

当徐光启建议利玛窦翻译和刻印一些有关欧洲科学的书籍时，他立刻指出："中国人最喜欢的莫过于欧几里得的《几何原本》一书，原因或许是没有人比中国人更重视数学了。"他还告诉徐光启，"此书未译，其他书俱不可得"①。《几何原本》成为利玛窦与徐光启翻译的最重要的一本西方数学科学著作，也是我国近代数学教育中使用最广泛、最基础的教材之一。

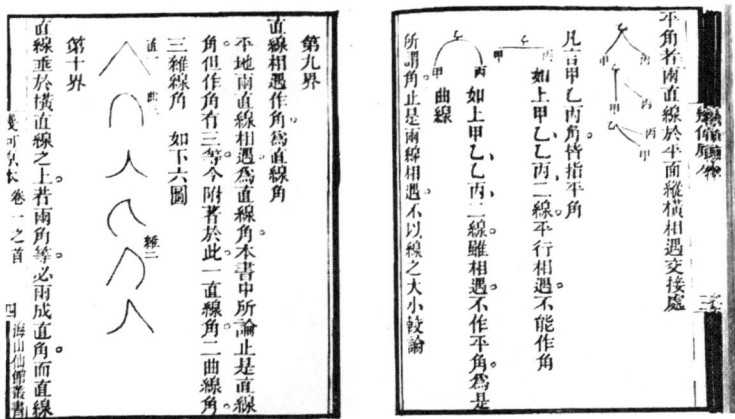

《几何原本》教科书

中国人欣赏利玛窦的科技和数学才能，利玛窦也正是通过传播西方的数学文化赢取中国人的好感。事实上，从《利玛窦中国札记》中就可以看出，他很快就以自己的数学天赋和数学知识震撼了中国人。②

---

① 徐宏英：《利玛窦与〈几何原本〉的翻译》，《青岛大学师范学院学报》2008 年第 2 期，第 50～53 页。

② ［意］利玛窦、［比］金尼阁著，何高济等译：《利玛窦中国札记 传教士利玛窦神父的远征中国史》，桂林：广西师范大学出版社 2001 年版，第 173 页。

《明史》中也记载：

> 明神宗时，西洋人利玛窦等入中国，精于天文、历算之学，发微阐奥，运算制器，前此未尝有也。

然而，作为一名虔诚的耶稣会传教士，利玛窦来中国的主要目的和任务是传播天主教，他以传播数学来笼络中国人心，以利于传播福音，弘扬天主教。因此，传播西方数学仅仅是利玛窦传播基督教文化的重要手段和策略，并作为主线贯穿在他的整个传教生涯中。

2. "以数教民"和"以数会友"

利玛窦开始在中国传教时并不是很顺利，后来他调整思路，通过"以数教民"和"以数会友"①，一下子吸引了很多平民百姓，结交了很多知识分子，而且也得到了政府官员的理解和帮助。

根据学者林金水的考证，利玛窦在中国结交的知名人士有140多人，其中不乏王公贵族，比如说瞿太素、李卓吾、章潢、祝世禄、袁宏道、袁中道、沈德符、徐光启、李之藻、孙元化等知名学者。② 特别是在肇庆的时候，利玛窦与知府王泮交往甚密，从而得以传教六载。王泮对利玛窦传教团的鼎力支持，实质上反映了当时部分有识之士渴望了解外部世界和对利玛窦渊博学识的仰慕之情。③

王泮向利玛窦了解西方世界

而到了韶州时，利玛窦又将西方的天文学、数学传授给儒士瞿太素，并运用中国算经术语，与其成功地合译了欧几里得《几何原

---

① 曾峥：《利玛窦与西方数学的传播》，《韶关学院学报》2007年第6期，第1～5页。

② 彭必成、章太长：《试论利玛窦的灵活性传教方法》，《齐齐哈尔师范高等专科学校学报》2008年第1期，第105～106页。

③ 关汉华：《16世纪后期天主教在广东的传播与影响》，《中南民族大学学报》（人文社会科学版）2003年第1期，第127～131页。

本》第一卷，并在士大夫中流传，这些做法都有助于提高传教士的声望并促进天主教义的传播。以至于在 1591 年春节，发生了当地居民袭扰教堂事件后，也是由瞿太素请出韶州知府谢台卿才得以平息。

之后，利玛窦听从了朋友瞿太素的劝告，蓄发留须，脱下袈裟穿上绸袍，以儒家弟子的身份出现，从而取得了上层阶级和百姓们的尊重、理解与支持。如此一来，"易僧服为儒服"也就成为利玛窦在中国传教事业上的一次重大策略转变。

为了北上京城传教，1595 年 4 月，适值友人兵部侍郎石星途经韶州返京，利玛窦请求兵备道徐大任和石侍郎引他前往南京和南昌。石星欣然接受利玛窦的建议，"马上命韶州长官发给他旅行执照，盖上他的官印，给予利玛窦神父在江西省旅行的充分权利"①。在南京，利玛窦又结识了徐光启、李贽以及礼部尚书王忠铭、皇帝的顾问祝世禄等人。②

事实证明，通过"以数会友"的方法而结交的这些中国的朋友，都或多或少地为利玛窦深入中国内地直至在明王朝的首都北京传教起了重要作用。从此以后，天主教在华的传教事业，便从广东肇庆、韶州的开拓阶段进入南昌、南京、北京的全面发展的新阶段。

3. 创造中文数学术语和科学名词

利玛窦向国人介绍西方数学时，非常重视数学概念的中文译名。他凭借多年学习汉语的功底，对每个数学名词都字斟句酌地仔细与中文名词进行对应和比较。

他翻译的数学术语：几何、角、点、线、平面、直角、锐角、钝角、直线、垂线、平行线、对角线、三角形、四边形、圆、圆心、相似、外切、曲线、曲面、立方体、体积、比例等专用名词堪称经典，沿用至今，甚至还影响到日本、朝鲜等其他东方国家。③

此外，在其他科学著作的翻译中，利玛窦也首创了许多词汇。如北半球、北极、赤道、地平线、地球、南半球、南极、上帝、圣经、

① 曾峥、刘翠平：《利玛窦在韶关对西方数学的传播及其影响（上）》，《韶关学院学报》2009 年第 4 期，第 1～5 页。

② ［意］利玛窦、［比］金尼阁著，何高济等译：《利玛窦中国札记 传教士利玛窦神父的远征中国史》，桂林：广西师范大学出版社 2001 年版，第 243 页。

③ 梁宗巨：《数学历史典故》，沈阳：辽宁教育出版社 1995 年版，第 152 页。

圣母、十字架、天国、天主、天主教、纬度、阳历、耶稣、阴历、造物主、子午线、主（基督教徒对上帝的称呼）等。利玛窦所创造的这些词汇，其意义不仅仅在于丰富了科学术语，对汉语词汇学的影响也是十分深远的。

二、调整思路，扬长避短拢人心

利玛窦为配合"学术传教"策略，创造和完善了一套融合中西方数学文化的"传播模式"，特别是"利玛窦所带来的数学等科学知识不仅为中国所无，在西方也还是很新颖的"[①]。

这种以传播数学文化知识为先导的模式，历经千辛万苦，并且在前人无数次失败的基础上逐渐形成。它主要由以下几个因素促成。

1. 探索和平的传教思维

在16世纪西方的教会中，从事将天主的"福音"传向东方的有两大集团势力：一是西班牙在墨西哥的传教势力，其传教方法是直接以武力为前驱，以摧毁当地宗教文化和迅速实现西班牙殖民化为宗旨，这就决定了其传教方式带有强迫性并且十分草率和粗鲁。所以在相当长的时间里，被迫入教的土著居民，遇到有利机会便力图摆脱新宗教的束缚。二是葡萄牙在东印度的传教势力，最初所实行的也是传统做法，匆忙地从一个村庄到另一个村庄当众宣讲教义，一个月中为万名以上的居民施行洗礼。

但在中国文化范围之内，这种强迫式的传教方式遭到民众的抵制和明朝官府的禁止。因为，传教士们常常面对"佛教僧侣及佛门弟子的反驳"，而且在中国也很难获得官府自由传教的许可，传教士"不能聚集很多人给他们布道……只能慢慢地、个别地讲道不可"[②]。正是从其他国家的这些传教的反面典型中汲取了经验教训，中国传教团才逐渐形成了自己独特的传教路线。

为此，利玛窦提出了基本符合中国国情的"学术传教"的主张，他认为，若想让中国人皈依天主教，"最善之法莫若渐以学术收揽人

[①] 黄启臣：《澳门——16至19世纪中西文化交流的桥梁》，《比较法研究》1999年第1期，第15～36页。

[②] 沈定平：《16—17世纪中国传教团与墨西哥教会的联系及其方法的比较研究》，《世界宗教研究》1999年第3期，第67～75页。

心"，而数学应该是最能让中国人心悦诚服的。

事实上，在当时的社会环境中，一方面中国的数学在不断地衰落；而另一方面由于手工业与商业的繁荣，尤其是资本主义萌芽的出现，社会对数学的需求呼声越来越高，这为利玛窦能够以西方数学的传播作为"学术传教"的第一步营造了良好的客观社会环境。[1]

探索传教新思路

2. 尝试"适应性"新策略

从明朝中叶开始，中国国内社会矛盾不断激化，再加上"南倭北虏"危机，朝廷的海禁政策更为严厉，这就意味着西方国家的政治、经济和文化欲进入中国将非常不容易；同样，宗教作为人类文化形态之一，因各国国情迥异而受到不同的待遇。

因此，天主教要想在中国传播，其难度指数就更大了。耶稣会创始人之一的方济各·沙勿略于 1552 年 8 月只身抵达广东省台山县的一个距广东海岸仅 30 海里的上川岛，希望能进入广州传教。但明朝政府的禁令使得无人愿意冒险带他进入中国大陆，在多种努力和尝试均告失败以后，沙勿略抱憾病逝于上川岛。

1568 年 5 月，卡内罗奉命抵达澳门传教。1569 年，卡内罗兴建了澳门第一座正规的天主教堂"圣望德堂"，然而他多次希望进入广州传教的请求也均遭拒绝。[2]

1578 年 7 月，耶稣会远东视察员范礼安神父抵达澳门，他针对中国的实际情况，调整了在中国的传教策略。他建议在中国的传教士不仅要避免使用其他国家的传教方法，还必须改变过去所推行的"葡国化"的传教方针；他要求传教团不仅要让入教的中国人保留中国的语言和习俗，而且一切来华的传教士也应该"中国化"。1579 和 1582 年，耶稣会士罗明坚与利玛窦先后应召抵达澳门，按照范礼安所确定

① 曾峥、刘翠平：《利玛窦在韶关对西方数学的传播及其影响（下）》，《韶关学院学报》2009 年第 5 期，第 1～5 页。

② 关汉华：《16 世纪后期天主教在广东的传播与影响》，《中南民族大学学报》（人文社会科学版）2003 年第 1 期，第 127～131 页。

的方针进行认真和扎实的准备。

从公元 1580 年开始，罗明坚曾四度亲赴广州进行传教活动，但最终未能如愿。后经过多次不懈的努力，罗明坚在 1582 年底再赴广州时，获得机会转往肇庆觐见两广总督陈瑞，他反复声明：

> 我们来到中国是为缔造和平，励德修身，要人服从帝王而来，而非为交战、作乱而来。情愿列入中国子民之数，改著僧众服装。①

在罗明坚的一再要求和承诺遵守大明帝国的法律等条件下，他们终于获得在肇庆的居住权和在一定条件下传教的权利。这些经历预示着天主教在中国的传播将不会是一帆风顺的，也使得利玛窦等人开始思索该进行怎样的"迂回传教"策略。

3. 扭转民众的抵触心理

1583 年 9 月，利玛窦和罗明坚被允许在肇庆生活和居住。虽然他们通过送礼打通了官府的渠道，但普通民众对他们还是存有戒备和抵触之心。他们在肇庆建立住所和传播天主教义时，经常遭到居民的滋扰，主要原因就是民众的信仰和天主教义有很大的反差，以致于他们被迫于 6 年之后撤离肇庆。

1589 年 8 月，利玛窦与麦安东一起从肇庆来到韶州的南华寺。因为天主教与佛教信仰迥然不同，利玛窦在南华寺只住了一个晚上，第二天就向兵备道表明了不想住在南华寺的意愿，后被安排在韶州城外西河岸边光孝寺附近购地建立了住所和天主教堂。

1591 年春节，麦安东神父刚离开韶州去澳门不久，利玛窦便利用新年之际，在教堂展出了一幅从墨西哥运来的圣母、耶稣及圣约翰画像，但当地居民认为在中国传统节日时展出此画有悖风俗习惯。于是，发生了教堂被邻居夜袭事件，几个仆人受到粗暴的凌辱，后来此事由瞿太素鼎力协助处理才得以平息。

---

① 关汉华：《16 世纪后期天主教在广东的传播与影响》，《中南民族大学学报》（人文社会科学版）2003 年第 1 期，第 127～131 页。

1592 年 7 月，石方西神父刚到韶州后不久的一天，一伙年轻人决定攻打洋人住所，以发泄心中对洋人的怨恨。他们明火执仗，打伤两三个仆人，并用棍棒猛击石方西的身体，用斧头砍伤他的额头。利玛窦从一扇小窗户跳到小花园求救时，崴到脚踝受了伤。虽然官府要治首犯者死罪，但利玛窦还是出于仁慈和善意而宽恕了他们。①

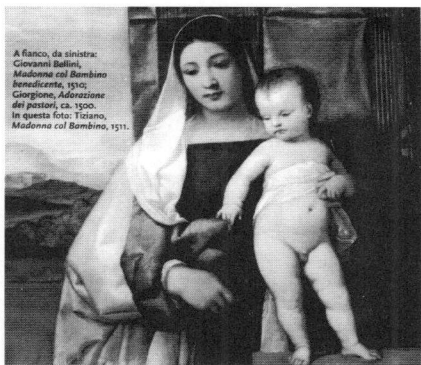

圣母与圣婴像

此类事件发生后，利玛窦开始认真研究不同宗教之间的信仰和习惯的差异。他逐渐认识到在中国的"儒、释、道"三教中，儒家学说在中国思想领域里占有绝对的统治地位，儒士阶层也是左右中国政治的权力阶层。佛教虽然信徒众多，但僧侣们的社会地位并不高。利玛窦感到只有尊重儒教，以儒家弟子的身份出现才能取得上层阶级和百姓们的尊重、理解与支持。于是，从 1594 年起，他着儒服、执儒生礼仪，走进中国人的生活，逐渐融入中国社会。

利玛窦在韶州传教六载，真可谓是充满艰辛和曲折，这亦使得他的传教策略趋于成熟。在韶州，他坚持走上层社会的传教路线；同时采取了入乡随俗的"适应性"策略，并将范礼安的"适应性传教"思想引申为"易佛补儒""合儒"和"补儒"。

然而在韶州期间发生的一系列针对传教士的教案，不仅反映了在中西文化碰撞中不同宗教信仰者之间的矛盾，也彻底改变了利玛窦以后的传教思想，促生了他在"学术传教"中实施的"传播数学文化"的模式。

三、著书授徒，数学交流成定式

在利玛窦看来，中国人普遍存在着"本本主义"意识，相信书本，认为凡是印在书上的东西都是对的。他在写给罗马教廷的信中曾经明确谈到：

---

① ［意］利玛窦、［比］金尼阁著，何高济等译：《利玛窦中国札记 传教士利玛窦神父的远征中国史》，桂林：广西师范大学出版社 2001 年版，第 187 页。

在中国有许多传教士不能进去的地方，书籍却能进去，并且仗赖简洁有力的笔墨，信德的真理可以明明白白地由字里行间渗入读者的内心，比用语言传达更为有效。①

事实上，在十六七世纪的中国，大众传媒的载体唯有图书，故其渗透力在当时确实是其他媒介无法比拟的。因此，"西学东来，以科学书籍之翻译为第一步……明季开翻译之风者，自利玛窦、徐光启、李之藻等人开其始，而其对于科学介绍之功亦最大"②。

据美籍华裔学者钱存训的研究统计，自1584—1790年间，利玛窦、金尼阁、艾儒略、汤若望、南怀仁等来华耶稣会士所译的西学书籍约计437部。其中，天主教义类图书251部；数学、天文、地理、物理机械、医学等自然科学技术类图书131部；哲学、教育、伦理道德、心理、音乐理论等人文社会科学类图书55部。③

利玛窦与他人合译的数学著作有《测量法义》《经天该》《几何原本》《乾坤体义》《同文算指前编》《通编》《别编》《圜容较义》等。而这里面，以《几何原本》的影响为最大。梁启超曾评价说："徐利合译之《几何原本》，字字精金美玉，为千古不朽之作。"④

而早在利玛窦加入耶稣会之前，耶稣会就以传教方面的创新精神而负有盛誉，其传教方式力求从俗、宽大，强调要适应各民族的风俗习惯，耶稣会的基本特征及教义宗旨为利玛窦推行"适应性传教"策略提供了可能性。

远东视察员范礼安是耶稣会在华传教策略的制定者，他要求传教士不但要会读、说、写中文，还要尽量熟悉和适应中国的习俗。利玛窦来华之前，罗明坚在贯彻执行此传教策略方面已进行了某些探讨和实践。而利玛窦到达肇庆后则创造性地实践了这一传教策略。⑤

从传教的时间和地点上看，利玛窦在中国居住28年，其中在肇庆

① 李伯毅：《天主教第二次入华与利玛窦的贡献》，《中国天主教》2004年第4期，第39~43页。

② 梁宗巨：《数学历史典故》，沈阳：辽宁教育出版社1995年版，第152页。

③ 朱大锋：《"利玛窦规矩"与明末清初的中西文化交流》，《兰台世界》2009年第7期，第38~39页。

④ 徐宏英：《利玛窦与〈几何原本〉的翻译》，《青岛大学师范学院学报》2008年第2期，第50~53页。

⑤ 郭熹微：《试论利玛窦的传教方式》，《世界宗教研究》1995年第1期，第24~36页。

岭南文化书系

利玛窦：中西数学文化交流的使者

传教 6 年，在韶州传教 6 年，在南昌和南京传教 6 年，在北京传教 10 年。利玛窦去世时（1610 年），天主教在中国共接收教徒 2 500 人左右。① 至 1667 年，耶稣会所辖教徒人数达到 25 万人；1700 年，中国的天主教徒人数已达 30 万人。在一个日益走向保守闭塞的国家，能取得这样伟大的成就，应该说是与利玛窦的"学术传教"策略分不开的。②

事实上，利玛窦在肇庆的传教活动是天主教入华后的摸索期，而在韶州、南昌、南京等地是天主教传教活动的发展期，在北京则是鼎盛期。因此，利玛窦的"学术传教"策略起源于肇庆，其核心"数学文化传播"模式则构思于韶州，形成于北京。

1583 年 9 月 10 日，罗明坚、利玛窦等人进入了当时南方政治、经济、文化中心——两广总督府所在地肇庆。他们隐瞒了真实目的，借口"抵达中国，是为它的盛名和光辉所吸引"，请求知府王泮允许他们修建一栋小屋作为住所以及一所敬神的小教堂，以便远离澳门的尘嚣和喧哗而度过余年；并答应遵守法纪，不打扰他人。

肇庆仙花寺教堂

利玛窦拜见王泮

因此，利玛窦不大张旗鼓地聚众布道，不公开谈论宗教的事，而是把时间更多地用于研习中国语言、风俗习惯以及以身作则来教导这个异教的民族。③

他们在教堂里挂上圣母画像，摆满从欧洲带来的一些西方物品，

① 田淼：《中国数学的西化历程》，济南：山东教育出版社 2005 年版，第 25 页。
② 彭必成、章太长：《试论利玛窦的灵活性传教方法》，《齐齐哈尔师范高等专科学校学报》2008 年第 1 期，第 105～106 页。
③ ［意］利玛窦、［比］金尼阁著，何高济等译：《利玛窦中国札记 传教士利玛窦神父的远征中国史》，桂林：广西师范大学出版社 2001 年版，第 112 页。

如世界地图、自鸣钟、乐器、天文仪器以及大量的科技和数学书籍。他们对参观教堂的人士有意无意地宣讲基督教义，并与对基督世界的宗教风俗感兴趣的人自由地讨论一些问题。同时他们将基督教义用中文写成《天主圣教实录》（罗明坚著），送给有高深学识的各阶层人士。当时的肇庆知府王泮非常喜爱这部书，印了许多册，使得此书在国内广为流传。

为了表彰利玛窦等欧洲传教士在学术和文化方面对明朝的贡献，王泮特地命人制作了"仙花寺"和"西来净土"两块匾额，悬挂于教堂和住所的门口上方，这两块匾大大提高了传教士们在各阶层百姓中的声望。①

之后，在带来的西方科学如地图学、地理学、天文学和建筑学甚至制作钟表、天球仪和地球仪的技术等方面，利玛窦着实让中国人大开眼界，特别是他以自己的数学知识征服了中国人。至此，利玛窦坚信"中国人是个好思考的民族"，采用先以"学术"传予知识，再以"教旨"触其心灵、润其心田的传教方法，将有助于中国人逐步增加对基督教的理解。

1589 年 8 月 15 日，利玛窦等人被迫乘船离开肇庆。8 月 24 日，抵达韶州南华寺；8 月 28 日，被送至韶州城里，在武江西河岸边购得一块土地建立了居留地。利玛窦到了韶州以后，虽然也得到各方面关照，但比起在肇庆的岁月，遇到的麻烦似乎更多。在不得已的情况下，利玛窦把工作的重点放在了研习中国文化、授徒讲学、著书立说上面。

他停止传教活动，转而潜心研习儒家典籍，把中国文化介绍到欧洲，以便为进一步有效地传教打下基础。1593 年，利玛窦首次将"四书"翻译为拉丁文作为来华新教士学习中文的读本，并且于 1594 年把"四书"的拉丁文译本寄回意大利出版，成为最先编辑中国书籍并附以注释的西方人。

瞿太素是利玛窦在韶州接收的第一个学生。他聪明好学，从学习数学入手旁及其他，除了跟利玛窦系统地学习了西方的算学、欧几里得几何学、象数学（将数学的原理应用到实践中，即用符号、形象和数字推测宇宙变化）之外，还学习了西方语言、逻辑、物理及天文学等。

---

① ［意］利玛窦、［比］金尼阁著，何高济等译：《利玛窦中国札记 传教士利玛窦神父的远征中国史》，桂林：广西师范大学出版社 2001 年版，第 120 页。

在两年的时间内，瞿太素不仅不知疲倦地学习着那些对他来说新奇的东西，还自己动手制作了诸如天球仪、六分仪、测像仪、星盘、罗盘、日晷等仪器，以此受到朋友们的尊敬。① 甚至利玛窦与徐光启合译的欧几里得《几何原本》，其实瞿太素早已做过深入的研究，并且在韶州时已经与利玛窦合作译出了第一卷。因此，瞿太素成为最早将西方的文明成就系统地引入中国大陆的儒家学者之一。

1599 年 6 月，利玛窦在南京接收了第二个学生张养默（明末哲学家王肯堂的学生）。当时，张养默已经"无师自通学习了欧几里得的第一卷，并不断向利玛窦神父请教几何学问题……他还告诉利玛窦以传授数学来启迪中国人就足以达到传教的目的了"②。张祖林认为，张养默自学的《几何原本》第一卷，可能就是瞿太素此前译出的第一卷。张养默不断地向利玛窦请教几何学问题，或许是想要将《几何原本》接着翻译下去。③

1600 年，利玛窦在南京与徐光启进行了短暂会晤。徐光启在 1596 年赴广西做家庭教师时，途经韶州府遇见了郭居静神父，应邀参观了韶州的教堂，得知来中国传教的利玛窦神父精通西洋的自然科学。在南京结识利玛窦以后，对其所讲"格物穷理之学"极为赞叹，遂向利玛窦学习和讨论天文历法、数学、测量等学问。

1601 年 1 月 24 日，利玛窦到达北京。随即觐见万历皇帝，并进献了圣像、三棱镜、自鸣钟、圣经、十字架、西洋琴等礼物。万历皇帝命礼部待以上宾，并赐以宣武门外东首一处宅地居住。此后，利玛窦得以安心地在北京城内居住，并且与士大夫晋结，向士大夫传教。

1604 年 4 月，徐光启考中进士留在北京，得以再次跟随利玛窦学习数学。于 1607 年 5 月 24 日，与利玛窦一起译完克拉维乌斯编辑的欧几里得《几何原本》前六卷，同年在北京出版印行。《几何原本》的刊印出版改变了中国数学以实用计算为特征的《九章算术》的经典地位，这是对中国传统数学的革命，因而成为中国近代数学以及数学

① ［意］利玛窦、［比］金尼阁著，何高济等译：《利玛窦中国札记 传教士利玛窦神父的远征中国史》，桂林：广西师范大学出版社 2001 年版，第 174 页。

② ［意］利玛窦、［比］金尼阁著，何高济等译：《利玛窦中国札记 传教士利玛窦神父的远征中国史》，桂林：广西师范大学出版社 2001 年版，第 247 页。

③ 徐宏英：《利玛窦与〈几何原本〉的翻译》，《青岛大学师范学院学报》2008 年第 2 期，第 50～53 页。

教育的起点。

至此，利玛窦的"学术传教"策略经历了无数次的考验和受到无数次的教训之后，最终"数学文化传播"成为定式，为天主教在中国的广泛传播和中西文化的相互交流立下了汗马功劳。

四、回眸历史，利玛窦功不可没

利玛窦在中国首先以传播西方数学拉开了传播天主教的帷幕，同时也将中国的儒家文化传向欧洲，开启了中西文化交流的大门。那么，利玛窦到底给中国带来了哪些西方数学和科学文化，同时向欧洲输送了哪些文化思想呢？

1. 系统引入西方数学理论和计算技术

从 14 世纪开始，欧洲大陆进入文艺复兴时期。"文艺复兴运动"始于意大利的佛罗伦萨，后延伸到罗马、米兰、威尼斯等城市，以后又扩展到德国、法国、英国、荷兰等欧洲其他国家。

这是一场在文学、艺术和科学文化等方面开展的轰轰烈烈的运动，旨在反对中世纪的黑暗统治，提倡人性自由和崇尚科学，代表着新的人文主义思想。

利玛窦：中西数学文化交流的使者

岭南文化书系

在利玛窦生活的那个年代，世界数学尚处于由初等数学向变量数学过渡的时期。12 世纪，古希腊数学家丢番图的《算术》和阿拉伯数学家花拉子米的《代数学》已通过北非传到了欧洲，促成了斐波那契《算经》的问世。[①] 同时，欧几里得的《几何原本》首次被译成拉丁文，在欧洲重现了它的风采。三角学由于航海、历法和天文观测的需要，得到了进一步的发展。

斐波那契像

到了 15 世纪，欧洲数学开始全面复苏。1545 年，意大利学者卡尔达诺出版了《大术》一书，给出了三次

---

① 李文林：《数学史教程》，北京：高等教育出版社；海德堡：施普林格出版社 2000 年版，第 126～127 页。

和四次代数方程的一般解法，并用几何方法证明了其解法的正确性；1572 年，意大利的邦贝利在他出版的《代数学》中引入了虚数，完全解决了三次代数方程的不可约问题，使得代数方程的求解成为 16 世纪欧洲的主流。1482 年，拉丁文《几何原本》首次被印刷出版；1574 年，克拉维乌斯在罗马出版的欧几里得《几何原本》（拉丁文版本）15 卷，对中国数学产生了巨大影响。

此外，绘画和制图刺激了透视学的兴起，从而诞生了射影几何学。而制图学的产生，使得欧洲绘制出首张世界地图（1569 年）。此时的三角学也已经由球面三角学转向平面三角学，使三角学成为纯粹数学的一个独立分支。① 因此，利玛窦以几何学为重点，兼及三角学与代数学，向中国推介了西方近代初等数学。②

利玛窦最成功地给中国人传播的西方数学便是欧几里得的《几何原本》。在翻译《几何原本》之前，利玛窦就认为：

> 中国人的数学属于实用型，他们提出了各种各样的命题，却都不证明。这种数学只有结果而没有证明过程，永远不能成为理论体系。而欧几里得则与之相反，将命题依次提出，而且如此确切地加以证明，即使最固执的人也无法否认它们。③

《几何原本》不仅仅是西方经典的演绎数学理论著作，它的意义更主要体现在思维方法方面。徐光启就正确地指出：

> 此书为益，能令学理者袪其浮气，练其精心；学事者资其定法，发其巧思，故举世无一人不当学。能精此书者，无一事不可精；好学此书者，无一事不可学。④

---

① 梁宗巨、王青建、孙宏安：《世界数学通史》（上），沈阳：辽宁教育出版社 2001 年版，第 492 页。

② 关汉华：《16 世纪后期天主教在广东的传播与影响》，《中南民族大学学报》（人文社会科学版）2003 年第 1 期，第 127～131 页。

③ ［意］利玛窦、［比］金尼阁著，何高济等译：《利玛窦中国札记 传教士利玛窦神父的远征中国史》，桂林：广西师范大学出版社 2001 年版，第 364 页。

④ ［意］利玛窦著，朱维铮主编：《利玛窦中文著译集》，上海：复旦大学出版社 2007 年版，第 305 页。

韶文化研究丛书

第六章　数学文化西成东就

在翻译《几何原本》的过程中，由利玛窦口述，徐光启记录下来加以整理。由于《几何原本》与我国古代传统的数学截然不同，加上徐光启又不懂拉丁文，许多译名都是从无到有、边译边创造。徐光启借用我国古代用语，并从词义、音译及概念本身考虑，精心研究，多方揣摩，煞费苦心，使译文通俗易懂、错误很少。许多译名十分贴切，不但在我国沿用至今，并且还影响了日本、朝鲜等国。

"几何"一词，现已成为数学中的一个专有名词和重要分支，但欧几里得《几何原本》中并没有这个词，当时是由利玛窦、徐光启在翻译时加上去的。利玛窦、徐光启为什么会用"几何"一词作译名众说纷纭。据传徐光启考虑用"行学"这个名词，后来觉得不好，才又从发音、原意考虑，一连想了十多个音似的汉字，都不十分贴切。

后来，他从一句古诗"河汉清且浅，相去复几许"中的"几许"联想到"几何"，于是创造性地译为《几何原本》。至于徐光启怎么会由"几许"想到"几何"，一般认为这是由于"几何"是拉丁文geometria中"geo"的音译，且又含有数学上的"多少"的意思。①

徐光启在翻译《几何原本》时，看到了西方科学对基础研究和科学推理的重视，认为数学是其他一切学科的基础，并指出学习数学无所不通，其关系在于"理不明不能立法，义不明不能著数，明理辨义，推究颇难，法立数著，遵循甚易"。他在《条议历法修正岁差疏》中提出了著名的"度数旁通十事"②：

其一，历象既正，除天文一家言灾祥祸福、律例所禁外，若考求七政行度情性，下合地宜，则一切晴雨水旱，可以约略预知，修救修备，于民生财计大有利益。

其二，度数既明，可以测量水地，一切疏浚河渠，筑治堤岸、灌溉田亩，动无失策，有益民事。

其三，度数与乐律相通，明于度数即能考正音律，制造器具，于修定雅乐可以相资。

其四，兵家营阵器械及筑治城台池隍等，皆须度数为用，

---

① 徐品方主编：《数学简明史》，北京：学苑出版社 1992 年版，第 262 页。
② 徐汇区文化局：《徐光启与〈几何原本〉》，上海：上海交通大学出版社 2011 年版，第 147 页。

精于其法，有裨边计。

其五，算学久废，官司计会多委任胥吏，钱谷之司关系尤大。度数既明，凡九章诸术，皆有简当捷要之法，习业甚易，理财之臣尤所亟须。

其六，营建屋宇桥梁，明于度数者力省功倍，且经度坚固，千万年不圮不坏。

其七，精于度数者能造作机器，力小任重，及风水轮盘诸事以治水用水，凡一切器具，皆有便利之法，以兹民用，以利民生。

其八，天下舆地，其南北东西纵横相距，纡直广袤。及山海原隰，高深广远，皆可用法测量，道理尺寸，悉无谬误。

其九，医药之家，宜审运气；历数既明，可以察知日月五星躔次，与病体相视乖和逆顺，因而药石针砭，不致差误，大为生民利益。

其十，造作钟漏以知时刻分秒，若日月星晷，不论公私处所、南北东西、敧斜坳突，皆可安置施用，使人人能分更分漏，以率作兴事，屡省考成。

后来，徐光启又写了《几何原本杂议》，并且根据利玛窦的口述翻译整理了《测量法义》，自己撰写了《测量异同》《勾股义》。他用这些著作的基本定理来解释和补充中国传统测量法中的"义"，使中国古代数学更具应用性、条理性和系统性。

从《几何原本》到《勾股义》，徐光启把中国的传统数学向前推进了一大步，开创了翻译和介绍西方数学及其他科学的新风气。《几何原本》的翻译出版掀起了中国数学家学习西方数学的高潮，这对当时中国学术界产生的冲击力是巨大的和不可磨灭的。

继徐光启之后，清朝时期数学界的代表人物是梅文鼎（1633—1721年）。他精通中西数学，对发展中国传统数学和传播西方数学均做出了重大贡献。

梅文鼎以毕生精力专攻天文学和数学，他尽量消化、彻底理解从西方输入的新方法，对清代中期数学研究再现高潮有积极影响。他一生都在整理、研究中国传统数学和注解、介绍、吸收西方数学，并且

著书立说约 70 多种，如《算要》3 卷、《平三角举要》5 卷、《弧三角举要》5 卷等（在第七章有详细介绍）。

清朝末期，李善兰和伟烈亚力合作翻译了《几何原本》后 9 卷；李子金著《算学通义》5 卷、《几何简易集》4 卷、《元弧象限表》；还有一些著作也受到几何学思维方式的影响，使得欧氏几何学成为中国近代数学的一个新的数学分支和发展方向。

400 多年前，徐光启就倡导人们学习《几何原本》，极力主张用严谨的逻辑推理方式取代束缚人们思想且形式死板的八股制，他明确而系统地阐述了数学与其他科学技术的密切关系，从理论上对数学的应用加以高度的概括，对中国数学的发展在思想方法上起到了一定的指导作用。

如今，人们已经很难发现《几何原本》的诞生有什么了不起的地方。那么，晚清的梁启超说此书"字字精金美玉，为千古不朽之学问"是否刻意夸大其词呢？中国在缺乏几何系统知识的前提下，实现了世界历史上一度罕见的繁荣，好像对传统社会中齐家治国平天下的观念来说，几何的用处似乎不是太大。徐光启对此的回答是："无用之用，众用所基。"这就是《几何原本》的精髓，也是基础学科普遍适用的原理。

谈起欧几里得几何学公理体系，人们都会认为它应用于自然科学技术领域，却很少有人想到将它用于社会制度的改革之上。①

1980 年，朱维铮教授发现了康有为的已经被人遗忘的著作《实理公法全书》。众所周知，以"托古改制"著称的康有为一生表述其政治思想时，总追根寻源到《礼记·礼运篇》。但朱维铮教授的研究却表明：《实理公法全书》的思路却是依据《几何原本》而来。

康有为将《几何原本》的公理体系一路推衍至社会政治领域，在《实理公法全书》中发表了自己关于未来的理想社会的蓝图，可是很少有人把康有为的思想和他的政治活动与

① 汪伟、钱亦蕉等：《〈几何原本〉的大时代：星星照耀四百年》，《新民周刊》，2007 年 11 月 8 日。

300 年前的《几何原本》联系起来。

中国历史与欧氏几何的某种关联，并不是数学中的几何知识的具体应用，而是几何学中隐含着的人们认识宇宙的"世界观"。或许，只有徐光启的"无用之用，众用所基"能够提供一些合理的解释吧。

2. 非欧几何继而进入大陆

除欧几里得的《几何原本》外，利玛窦也通过各种形式传入了当时流行于欧洲的非欧几何知识，主要有圆锥曲线、平行正投影、球极投影、画法几何和透视法等。

关于平行正投影在我国古代曾经有人研究过，如北宋时期的著名画家、建筑学家李诚在他的《营造法式》（1103 年）中就有不少图形的绘制采用了正投影的方法；明朝万历年间出现的《鲁班经》中也有很多正投影图形知识的应用①。但是中国古代的平行正投影似乎都没有研究过球面，就是曾经研究过的立方体（如房屋、石头等），也没有具体的绘制方法，即没有使用精确的几何方法绘制。

圆锥曲线是古希腊数学家和天文学家的一项重要发现，备受人们的赞誉，在中世纪之前就被广泛地应用到很多领域。欧洲学者几乎都了解这种曲线，熟悉它的性质。利玛窦来到中国后，最早传入的几何知识就是圆锥曲线。

1584 年 4 月，利玛窦在肇庆给国人展示了一幅从意大利带来的世界地图。这幅地图非常精美，顿时吸引了不少人来观看。利玛窦应肇庆知府王泮之请，于同年 11 月份给他另绘制了一幅著名的《山海舆地全图》。

1596 年 11 月，利玛窦在南昌收到了他的老师克拉维乌斯于 1593 年出版的新书《论星盘》。这是一本介绍星盘制作的著作，其中包含了大量圆锥曲线的内容并且运用了数学知识阐述其原理。星盘的具体做法都是在圆锥曲线知识的基础上一步步严格推理出来的，而且除了需要欧氏几何和圆锥曲线知识以外，还需要球极投影的知识，球极投

---

① 沈康身：《界画、〈视学〉和透视学》，自然科学史研究所、数学组编：《科学史文集（八）》，上海：上海科学技术出版社 1982 年版，第 86～92 页。

影是制作星盘的关键。所以，学习星盘制作还必须学习球极投影。

1601 年 7 月，利玛窦在北京与李之藻相识。李之藻（1564—1630年），字振之，一字我存，号凉庵居士，又号凉庵逸民，浙江杭州人。他是个地图绘制爱好者，20 岁的时候曾自己搜集资料，亲自绘制过一幅全国地图。李之藻看过利玛窦的世界地图后，对其绘制地图的精美和精确程度感到异常惊讶。

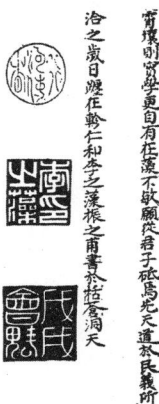

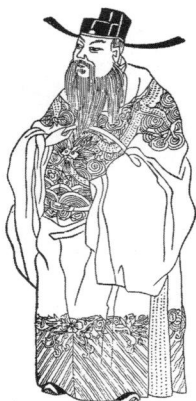

李之藻画像

1602 年，李之藻开始跟利玛窦学习地理学、地图学、绘制世界地图技艺、天文学和数学，且尤其偏爱数学。他将利玛窦绘制的《山海舆地全图》放大后重新印刷，这就是著名的《坤舆万国全图》。

这幅地图最初的底本来自罗马，采用的是当时欧洲比较流行的投影画法——椭圆投影，其特点就是将整个地球表面的投影图绘制成一个标准的椭圆。圆锥曲线在中国古代没有人研究过，它现在应用于地图制作完全得益于利玛窦的工作。

李之藻掌握了几何学的大部分内容，学会并且制作了一具星盘，它运转极其精确。李之藻绘制的数学图形可以和任何欧洲学者所绘制的图形相匹敌。1607 年，他出版了论星盘的著作《浑盖通宪图说》，利玛窦将它作为中国人完成的第一部数学和天文学著作，赠送给罗马的耶稣会会长和克拉维乌斯教授（利玛窦的恩师）。在这本书的序言中，李之藻说：

> 昔从京师识利先生，欧逻巴人也。示我平仪，其制约浑，为之刻画重固，上天下地，周罗星程，背结规筒貌则盖天，而其度仍从浑出。取中央为北权，合《素问》中北外南之观；列三规为岁候，邃义和候星寅日之旨，得未曾有，耳受手书，颇亦镜其大凡。旋奉使闽之命，往返万里，测验无爽，

不揣为之图说，间亦出其鄙谢，会通一二，以革中历。

由此可见，利玛窦给李之藻讲解了球极投影，并教会了他星盘的制作和使用方法。

1608 年，李之藻又著成了《圜容较义》一书。他在此书的序言中讲："昔从利公研究天体，因论圜容，拈出一义，次为五界十八题。"可见此书直接来源于利玛窦。此书分为十八个命题，分别讲述了多边形的面积问题、锥体的体积问题、圆内接多边形和外切多边形问题、球内切多面体问题等。这些都是利玛窦与徐光启翻译的《几何原本》中没有的内容，此书的第十八题证明了"凡浑圆形与圆外角形等周者，浑圆形必大于圆角形"，即"表面积一定的球和旋转体相比，前者体积大"。

为了证明这个命题，李之藻使用了椭圆曲线并且多次借用古希腊数学家阿基米德（Archimedes，前287—前212年）《圜书》中的命题结论。阿基米德的《圜书》是一本讨论圆的面积和体积的书，里面包含了椭圆面积的求法。

此后，李之藻给出了黄道的天顶规的画法、地平规的画法、地平渐升度的画法、朦胧影的画法、黄道的画法、黄道十二宫分点的画法、黄道经线的画法、黄极和赤道南北极的画法、有各种坐标的恒星的画法等。因此可以推定，利玛窦给李之藻讲解了球极投影、圆锥曲线的知识和西方早期的画法几何，并教会了他星盘的制作和使用方法。

3. 介绍西方油画和透视法

利玛窦到中国以后，在给国人展示的物品中，也多次提到西方绘画如圣母像、耶稣像等。这些绘画有的是从印度、澳门、日本等地转赠来的，也有利玛窦自己绘制的。利玛窦在罗马学院曾学习了三个月的透视学，因此，他非常熟悉当时在欧洲兴起的油画透视画法，了解其中的数学投影原理，并且将这种绘画技法带到了中国，在绘画的时候采用了透视法。

在欧洲文艺复兴时期产生的透视学与透视画法的技巧理论，是"文艺复兴运动"的杰出成果和最著名的发现。应用透视学的理论和方法不仅使绘画风格和形式多样化，而且也发展和丰富了以后的工程设计的表现手段，能客观地表现出设计后的视觉效果。绘制设计效果

丢勒自画像

图时，如果不懂得透视画法的技巧理论，可能无法达到所需要的效果。

透视画法方面的突出代表就是德国绘画大师阿尔布雷特·丢勒（Albrecht Dürer，1471—1528年）。同绘画大师达·芬奇一样，丢勒也具有科学的头脑，他曾经深入研究数学和透视学，并写下了大量笔记和论著。利用透视法和人体解剖学方法创作了许多反映社会现实的绘画作品。

因此，丢勒不仅是画家，而且是数学家、机械师、建筑学家，也是欧洲文艺复兴时期"透视学画派"的领军人物。

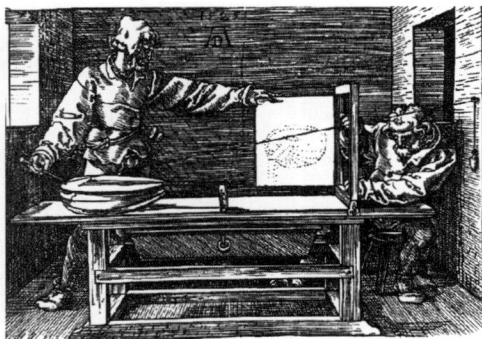

丢勒的透视法

据记载，1602年，利玛窦曾奉万历皇帝的命令，耗时三天绘制成《西方宫廷生活图》，并且在晚年也曾绘制过《野墅平林图》。从现存于辽宁省博物馆的《野墅平林图》中我们可以看出，这幅写实油画并不是中国式的写意画法，整幅画作远近分明、明暗比例协调、视野开阔，显然是采用了西方透视画法。

此画是否出自利玛窦之手，目前仍存在争议。最早时，此幅绘画作品曾被认为是荷兰人格洛特所作，不过后来经北京二友山房装裱

岭南文化书系

利玛窦：中西数学文化交流的使者

时，发现画的背面角绢与托纸处有模糊字迹，加上各种资料旁证，才确定为利玛窦所绘制，据说此画是用来装饰北京教堂的祭坛的①。

利玛窦绘制的《野墅平林图》

1601 年，利玛窦在给万历皇帝的贡品中有一幅圣母像，献给皇帝之前，他曾给很多人展示过，还对比中国画，对西方画法进行了评价，他说：

> 中国画但画阳不画阴，故看之人面躯正平，无凹凸相；吾国之画兼阴与阳写之，故面有高下，而手臂皆轮圆耳。凡人之面正迎阳，则皆明而白；若则立，则向明一边者白，其不向明一边者，眼、耳、鼻、口凹处，皆有暗相。吾国之写像者，解此法用之，故能使画像与生人亡异也。②

在《译〈几何原本〉引》中，利玛窦又写道：

> 察目视势，以远近正邪高下之差，照物状可画立圆立方之度数于平版之上，可远测物度及真形；画小，使目视大；

① 陈燮君：《利玛窦行旅中国记》，北京：北京大学出版社 2010 年版，第 95～97 页。
② 黄启臣：《澳门——16 至 19 世纪中西文化交流的桥梁》，《比较法研究》1999 年第 1 期，第 15～36 页。

画近，使目视远；画圜，使目视球，画像有坳突；画室屋有明暗也。①

在所有向利玛窦学习西方绘画的中国人中，成就最高的当数游文辉了。游文辉（Manuel Pereira，字含朴）是澳门人，他 1575 年出生，1593—1598 年在日本接受天主教文化，回国后追随利玛窦学习西方绘画和从事绘画活动。游文辉留下来的作品并不多，最著名的是 1610 年利玛窦去世之后他绘制的利玛窦像。

利玛窦像

这是一幅标准的西方肖像画，构图既饱满又简练，显示出相当高的艺术概括能力。该画对明暗的处理也很有特色，光线从画面左上方射去，在眼眶、鼻梁、面颊的暗面投下了丰富的阴影，尤其在白色衣领上的投影可以使人明显感受到强烈的光源。

17 世纪的中国人能将油画肖像绘至这样的水平，的确是件非常不容易的事情。由此可以看出，利玛窦一定给游文辉讲解过西方绘画的原理和其中的数学理论以及西方的透视法。

清朝初期，在华的耶稣会士利类思（Lodovico Buglio，1606—1682 年）、南怀仁（Ferdinand Verbiest，1623—1688 年）、郎世宁（Giuseppe Castiglione，1688—1766 年）等人纷纷作画，使西洋画在中国风靡一时。西洋画家郎世宁与工部侍郎、数学家年希尧（1671—1739 年，字允恭）合著《视学》，系统地介绍西方透视法的知识和技术，使中国美术出现了中西结合的绘画风格②。

《视学》一书初刻于雍正七年（1729 年），1735 年再版。而直到1798 年，法国数学家蒙日（Gaspard Monge，1746—1818 年，被誉为画

① ［意］利玛窦著，朱维铮主编：《利玛窦中文著译集》，上海：复旦大学出版社 2007 年版，第 299 页。

② 黄启臣：《澳门——16 至 19 世纪中西文化交流的桥梁》，《比较法研究》1999 年第 1 期，第 15～36 页。

法几何学奠基人）才出版了《画法几何学》。如此看来，年希尧的《视学》比蒙日的《画法几何学》早了60多年。

郎世宁与年希尧像

《视学》也是一部数学著作，它图文并茂，阐述透视学原理。全书用了很大的篇幅介绍透视学中的基本问题和基本方法，包括技法方面的量点法和截距法、透视角度的平行透视和成角透视、视平线位置方面的仰望透视法以及轴测图上中心光源阴影的处理等。

郎世宁《弘历涉猎图》

郎世宁《平定西域图》

在图例方面，年希尧对一般立体图形均用二视图表示尺寸及形状，再作底面次透视图，以便决定各特征点之高度，最后才把整体透视图画出来。书中所使用的术语，有的沿用至今，如"地平线""视平线"等。

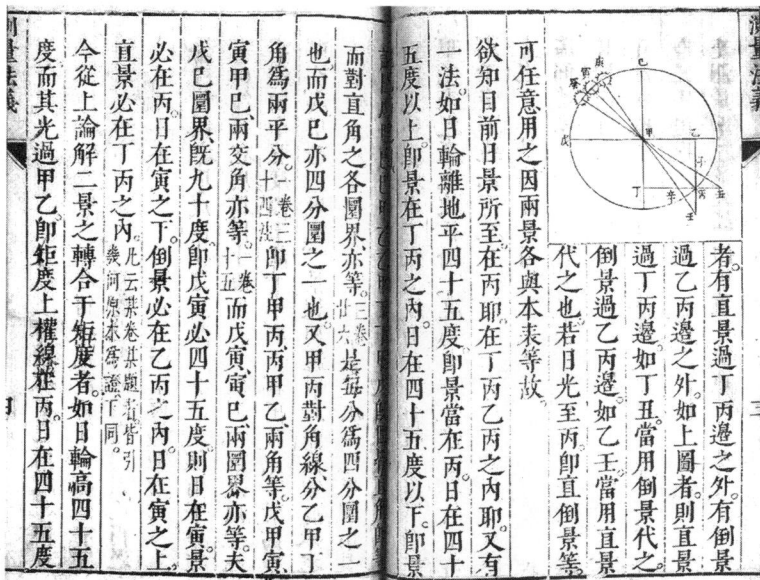

《测量法义》

总而言之，利玛窦传播的这些非欧几何（主要是透视法）知识，

直接被应用到了科学技术活动中，特别是天文观测、地理勘测、地图绘制以及绘画艺术中，有力地促进了当时中国科学技术的发展。

4. 推介西方测量术和三角学

此外，利玛窦与李之藻合译的《同文算指》（译自克拉维乌斯的《实用算术概论》，1614 年版）是明清之际一部十分重要的数学著作，它参考了中国明代数学家程大位的《算法统宗》一书进行编译，分为"前编" 2 卷、"通编" 8 卷和"别编" 1 卷三个部分。该书全面介绍了西方的笔算方法以及算术方面的成果，其中介绍的计算方式与现代笔算方法非常接近，内容有整数和分数的四则运算，比例、分数、级数和开方等算法[1]。

与希腊数学相比，古代的中国数学表现出强烈的算法精神，在算法方面也取得了突出的成绩以及杰出的建树，如《孙子算经》《周髀算经》和《九章算术》等著作都含有大量的算法。《同文算指》不仅代表了西方的数学水平，也体现了中国古代数学的算法精神。作为第一部从西方翻译过来的系统介绍欧洲算法的数学书，其贡献与影响有目共睹，它所介绍的"验算方法"也是中国前所未有的。他们合译的另一本著作《圜容较义》（1608 年）主要介绍比较图形关系的几何学知识，在当时也颇具影响力。

1607 年，利玛窦与徐光启合译了《测量法义》（1608 年定稿），全面介绍了欧洲几何测量方法，该书可以被认为是《几何原本》中的几何学理论在实践中的应用。

之后，徐光启根据传统的测量方法，撰成《测量异同》和《勾股义》（1609 年）[2]。1631 年，徐光启与罗雅谷合作出版了《测量全义》，这是西方三角学以及测量术输入中国之始[3]。

5. 西方天文学、地理学和制图学

在天文学方面，继利玛窦 1605 年著《乾坤体义》一书后，熊三拔与徐光启合著《简平仪说》，周子愚、卓尔康合著《表度说》，阳玛

① 朱维铮：《走出中世纪》（增订本），上海：复旦大学出版社 2007 年版，第 66 页。

② 田森：《中国数学的西化历程》，济南：山东教育出版社 2005 年版，第 33 页。

③ 梁宗巨、王青建、孙宏安：《世界数学通史》（上），沈阳：辽宁教育出版社 2001 年版，第 529 页。

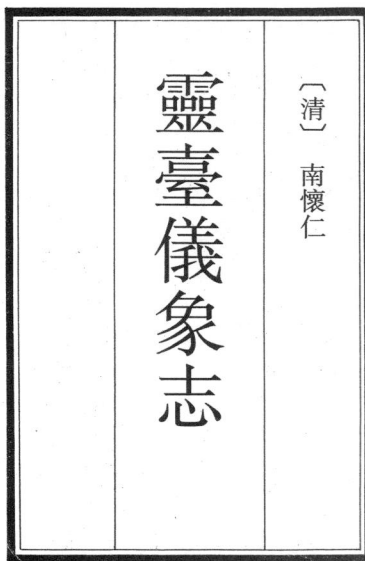

《灵台仪象志》

诸著《天问略》，汤若望先后著《古今交食考》《西洋历则》《星图》《八线表》《赤道南北两动星图》等天文著作，系统地向中国传播西方天文学的知识；南怀仁制造了黄道经纬仪、赤道经纬仪、地平经纬仪、天体仪等天文仪器，并著《灵台仪象志》16 卷。

《灵台仪象志》内容相当广泛，几乎涉及了当时天文观测工作的所有方面。首先，南怀仁在书中介绍了西方近代天文仪器的制作方法、安装方法和使用方法，以及在仪器制作过程中对部件强度的要求、材料的选用、基座的设计、制作中使用的工具及其使用方法等。

其次，南怀仁还针对实用测量问题，如高度或远近的测量方法、经纬度差与地面距离的换算办法，以及纬线长度的计算等也做了较清楚的解说。《灵台仪象志》中还介绍了一些西方科学知识，如重心、比重等概念；温度、湿度的测量方法；蒙气差改正的求法；杠杆、滑轮等简单机械；单摆与自由落体定律；光的折射和颜色的合成；地球半径测量法等。

最后，书中还给出包含 1 876 颗恒星位置的星表，并且附有许多计算用表，如蒙气差计算表、以高测远表、以远测高表、地面上两地点的角距离与相距里数的换算表等。《灵台仪象志》为观测天文数据提供了重要的参考资料[①]，对明末清初我国天文学的发展具有重要的意义。

清朝学者阮元在《畴人传》"南怀仁"篇中称赞道："西人熟于几何，故所制仪象极为精审，盖仪象精审，则测量真确，测量真确则推步密合。西法之有验于天，实仪象有以先之也。"[②]

在地理学和制图学方面，利玛窦于 1584 年在肇庆首次绘制中文版

①　黄启臣：《澳门——16 至 19 世纪中西文化交流的桥梁》，《比较法研究》1999 年第 1 期，第 15～36 页。

②　（清）阮元等：《畴人传汇编》，扬州：广陵书社 2009 年版，第 536 页。

的《山海舆地全图》，激起了中国知识分子了解世界的热情。之后，国人对传播地理知识和收藏《世界地图》的兴趣持续高涨。

1602 年，李之藻又在北京修改并绘制了《坤舆万国全图》，其中所测定的经纬度与现在的数据基本一致；庞迪我也绘制了《海外舆图全说》。

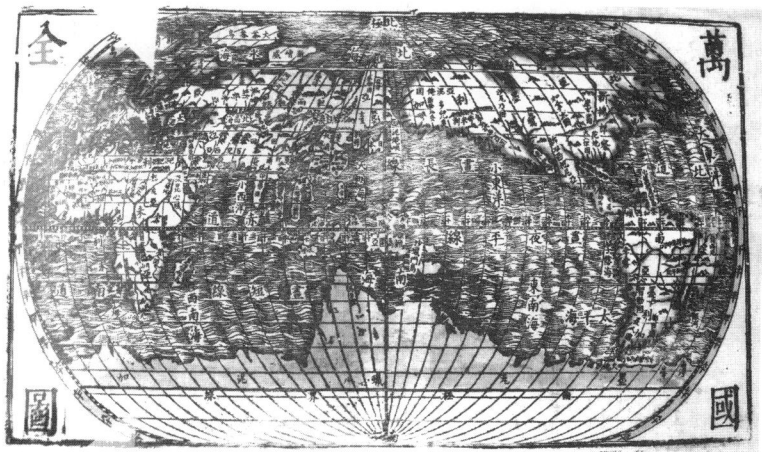

艾儒略《万国全图》

1623 年，艾儒略（Julio Aleni，1582—1649 年）著《职方外纪》6 卷，其中附有 7 幅地图：《万国全图》《北舆全图》《南舆全图》《亚细亚图》《欧罗巴图》《利未亚图》《南北阿墨利加图》。

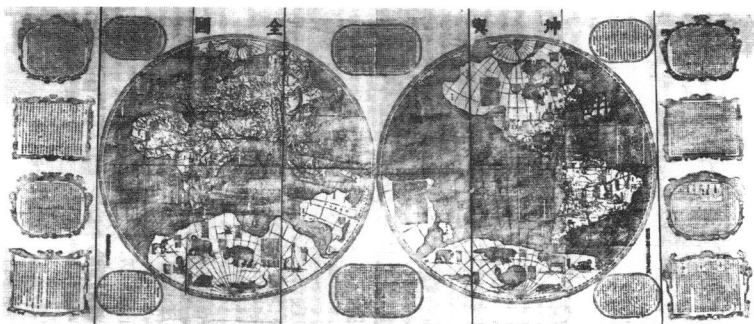

南怀仁《坤舆全图》

1674 年，南怀仁著《坤舆全图》《坤舆图说》；蒋友仁（Michael

167

Benoist，1715—1774 年）增补了《坤舆全图》《乾隆皇舆全图》等地理图，详细地叙述了各国的地理、物产、气候、风土、民情和地质地貌，成为中国近代地图学的肇始。

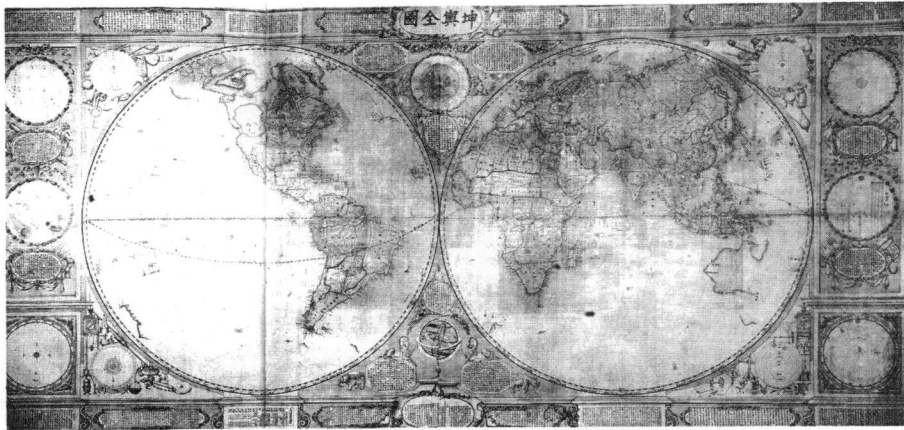

蒋友仁增补的《坤舆全图》

利玛窦除了通过翻译数学著作来传播西方数学外，他的另一个贡献就是多次请求罗马教廷向中国派遣精通数学和天文学的传教士。通过他的努力，邓玉函（Joannes Terrentius，1576—1630 年）、汤若望（Joannes Adam Schall von Bell，1592—1662 年）、罗雅谷（Jacobus Rho，1593—1638 年）、艾儒略（1582—1649 年）等西方科学家先后来到中国，对我国的数学及科学教育做出了巨大贡献，也培养和影响了大批数学人才。

例如：1623 年，艾儒略的《西学凡》介绍了教会学校的 6 个基本学科（文科、理科、医科、法科、教科、道科）；1631 年，邓玉函的《大测》是第一部系统介绍欧洲三角学内容的中文著作。

明末清初，中国学者受到利玛窦的影响，各种有关西法之数学著作如《太西要算》（明孙元化撰）、《中西数学图说》（明李笃培撰）、《天学会通》（明薛风怍著）、《历算全书》（清梅文鼎著）、《割圜八线表》（明黄宗羲作）、《赤水遗珍》（梅成著）、《杜式九术全本》（张冠

刻西學凡序

儒者本天故知天事天畏

天敬天皆中華先聖之學

也詩書所稱炳如日星可

孜鏡已自秦以來天之尊

始分漠以後天之尊始屆

本 人

千六百年天學幾晦而無

有能明其不然者利氏自

海外來獨能洞會道原實

修實證言必稱昭事當年

名公碩士皆信愛焉然而

卒未有能盡仰其學緣其

子 93—625

艾儒略《西学凡》序

著)、《续增新法比例》(陈厚耀著)等犹如雨后春笋,相继问世①。这几部著作对后来中国数学的发展都有重要的影响,对现在的数学研究仍具有重要意义。

事实上,利玛窦虽然没有创造出属于自己的数学原理和数学方法,但他借"学术传教"策略而热心传播西方数学文化,其价值已经不再局限于一些数学成果,而是一种中国在封建社会制度下迫切需要的创新精神。从这种意义上来说,利玛窦是一个出色的数学教育家,他对中国数学教育的影响是长久和深远的。

6. 向欧洲输送华夏文化

利玛窦为了传教的需要,不得已采用"学术传教"策略,将西方数学传到中国,然而起初他对中国的传统数学并不欣赏和重视。当时中国的传统数学主要是算术,计算工具是算盘。他认为:"中国人的算术不过是以串在绳子上的珠子构成的一个工具进行运算的,这个方法虽然可靠,但容易犯错,可以说比起欧洲的算术来说是微不足道的。"②

因此,利玛窦最初传播西方数学时,主要目的是想提高"天主"的威望,震慑并且打压中国人的自信心。随着时间的推移,利玛窦逐

① 闫瑞芬:《利玛窦西方数学思想的传入与意义》,《沧桑》2007 年第 2 期,第 23 ~ 24、26 页。

② 田森:《中国数学的西化历程》,济南:山东教育出版社 2005 年版,第 36 页。

莱布尼茨像

渐发现了中国古代哲学中蕴藏着宝贵的精神财富，这就使得利玛窦等传教士开始向西方传输中国古代典籍著作中的儒家学说、数学思想和数学方法。

利玛窦创造的"数学文化传播"模式得到了其后的德国数学家莱布尼茨（G. W. Leibniz，1646—1716年）的认同，并且莱布尼茨也赞成在中国的古籍中寻找隐藏着的智慧的火花①。突出的例子便是中国古籍《易经》中的"象数主义"思想以及"乾卦"方法对莱布尼茨的"二进制"理论的影响和有益补充。

（1）二进制与易经八卦图。

《易经》（也称《周易》或《易》）是一部中国古哲学书籍，是中国传统思想文化中自然哲学与伦理实践的根源，是华夏五千年智慧与文化的结晶，被誉为"群经之首，大道之源"。

《易经》是建立在阴阳二元论基础上对事物运行规律加以论证和描述的书籍，其对天地万物进行性状归类，提出天干地支五行论，甚至精确到可以对事物的未来发展做出较为准确的预测。

据说《易经》是由伏羲氏与周文王（姬昌）根据《河图》《洛书》演绎并加以总结概括而来（同时产生了易经八卦图）。

利玛窦在中国传教期间，曾经对《易经》中的八卦原理进行了详细研究，著有《八卦与九宫之变化》一书。利玛窦去世之后，又有其他的耶稣会士热衷于《易经》的研究，并且将有关的著作在欧洲出版。

---

① 李文潮、［德］H. 波塞儿著，李文潮等译：《莱布尼茨与中国——〈中国近事〉发表三百周年国际学术讨论会论文集》，北京：科学出版社 2002 年版，第 80 页。

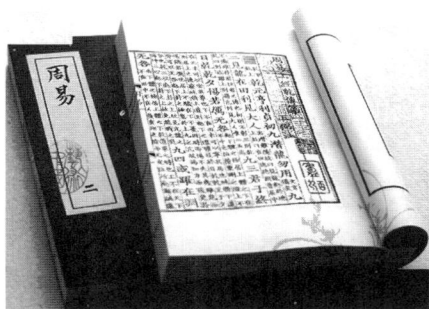

《周易》

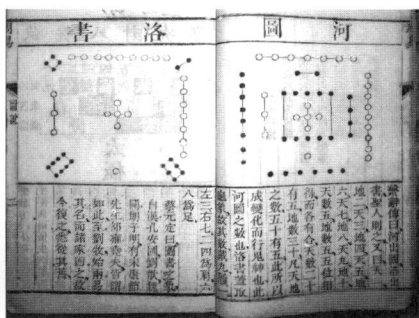

《河图》《洛书》

伏羲氏像

周文王（姬昌）像

　　1658 年，耶稣会士卫匡国（M. Martinius，1614—1661 年）在德国慕尼黑出版了《中国上古史》（另译《中国历史十卷》《中国先秦史》或《中国历史概要》），首先定义了阴、阳的概念，详细介绍了太极八卦——"阴阳生两仪、两仪生四象、四象生八卦"的演化过程，并且给出了伏羲六十四卦图谱。现在的史料认为，卫匡国的《中国上古史》第一次向欧洲传播了《易经》和周文王六十四卦图①。

---

　　① 胡阳、李长铎：《莱布尼茨二进制与伏羲八卦图考》，上海：上海人民出版社 2006 年版，第 61 页。

六十四卦卦画及卦名

卫匡国与《易经》六十四卦图

1660 年，德国著名神学家斯比塞尔（G. Spizel，1639—1691 年）在荷兰莱顿出版了《中国文史评析》，书中记载了《易经》，并且首次称《易经》为二进制。这里要特别说明，《中国文史评析》一书的主要参考文献就是金尼阁的《利玛窦中国札记》以及卫匡国的《中国上古史》。

柏应理与他绘制的八卦图

利玛窦：中西数学文化交流的使者

1664 年，耶稣会士柏应理（P. Couplet，1623—1693 年）在中国传教期间，完成了著作《中国哲学家孔子》（或译为《中国哲学家之王》），并将它翻译成了拉丁文，1687 年在法国巴黎出版。这部书中有 13 页介绍了《易经》内容，不仅包含伏羲八卦次序图和伏羲八卦方位图，还有周文王六十四卦图，并且在这些图中均第一次标上了阿拉伯数字 1、2、3、4、5、6、7、8 直至 64①。

据史料记载，早在 1666—1667 年间，莱布尼茨在纽伦堡学习时已经开始研究中国古典哲学，他先后拜读了斯比塞尔的《中国文史评析》和柏应理的《中国哲学家孔子》这两部著作。1687 年 12 月 19 日，莱布尼茨在致友人冯·黑森·莱茵费尔的信中说自己阅读了《中国哲学家孔子》这本书。而在这封信中，还出现了"Fohi"的字样，这个词译为中文就是"伏羲"②。这就是说，莱布尼茨当年应该见过伏羲八卦次序图、伏羲八卦方位图及周文王六十四卦图。

莱布尼茨的有关"二进制"的论文最早写于 1679 年 3 月 15 日。那时他用拉丁文撰写了题为"二进制算术"的论文手稿，对二进制进行了充分的讨论，并建立了二进制下的用"0"和"1"表示一切数的方法以及数字之间的加、减、乘、除四则运算规则，同时列出了数表。可惜，莱布尼茨的这篇论文没有发表，可能他还没有看出来二进制有什么实际应用③。

1697 年，莱布尼茨在《新年信》中才首次论及这一发现。这一年，莱布尼茨结识了在中国传教的白晋神父（J. Bouvet，1656—1730 年）。1701 年 2 月 15 日，莱布尼茨将发现二进制之事写信给白晋，并建议将二进制的算法呈献给喜爱数学的中国康熙皇帝。同年 2 月 26 日，莱布尼茨将他的二进制论文呈交巴黎科学院，然而科学院秘书长封丹内（D. Fontenelle）于 4 月 30 日以"无法理解，看不出二进制有什么用处"为由拒绝接收和发表。

---

① 胡阳、李长铎：《莱布尼茨二进制与伏羲八卦图考》，上海：上海人民出版社 2006 年版，第 9 页。

② 胡阳、李长铎：《莱布尼茨二进制与伏羲八卦图考》，上海：上海人民出版社 2006 年版，第 13 页。

③ 孙小礼：《莱布尼茨与中国文化》，北京：首都师范大学出版社 2006 年版，第 124 页。

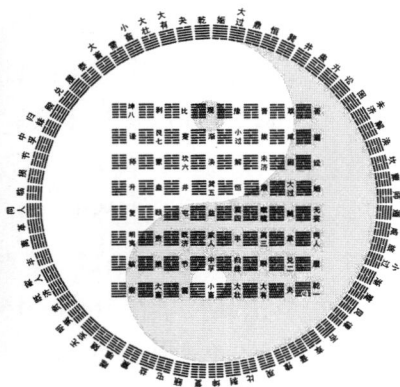

白晋与伏羲六十四卦方圆图

1701 年 11 月 4 日，白晋致函莱布尼茨，告诉他二进制早已经隐含在中国古代《易经》的伏羲六十四卦图中了。1703 年 4 月 1 日，莱布尼茨收到了白晋寄来的一部《易经》以及有关邵雍六十四卦象的信件。

莱布尼茨看到《易经》以及六十四卦象后非常高兴，他对中国古代的易家学说中的"八卦六十四爻"大为赞赏，并为其发明的"二进制理论"找到了应用领域。此时，他可以向巴黎科学院的秘书长证明他的二进制的用处了，莱布尼茨甚至在八卦中看到了创世的模型和以这种方式写成的安息日符号以及"三位一体"。

1703 年 5 月 5 日，莱布尼茨撰写了《二进制算术的阐述——关于只用 0 与 1 兼论其用处以及伏羲氏所用数字的意义》，发表在法国《皇家科学院院刊》上①。

莱布尼茨从二进制理论和六十四卦象的相同之处，感受到了中国人的祖先实际上是非常英明的。至于为什么莱布尼茨没有从斯比塞尔的《中国文史评析》和柏应理的《中国哲学家孔子》这两部著作中发现二进制的用处，至今仍然是一个谜。

不过，莱布尼茨在 1716 年临终前未写完的《中国自然神学论》中，诚实地表示由伏羲的图像（八卦先天图）可以证明，易经的六十四卦中包含了二进制②，他的二进制思想源于中国古代的《易经》以

---

① 胡阳、李长铎：《莱布尼茨二进制与伏羲八卦图考》，上海：上海人民出版社 2006 年版，第 27 页。

② 李文潮、［德］H. 波塞儿著，李文潮等译：《莱布尼茨与中国——〈中国近事〉发表三百周年国际学术讨论会论文集》，北京：科学出版社 2002 年版，第 82 页。

及伏羲六十四卦图。

从这些论述中可以看出，《易经》中透析出来的中国古代数学思想及成就深深吸引了莱布尼茨，特别是《易经》，为他的二进制理论找到了诠释和应用的依据。白晋也曾高度评价说，《易经》中的数字系统可以和毕达哥拉斯以及柏拉图的数字系统媲美，伏羲将一切科学隐藏到了《易经》的六十四卦象之中。因此，《易经》的"象数主义"以及"乾卦"方法也成为中国古代数学思想对西方数学产生巨大影响的典型事例。

（2）传播儒家学说和著作。

客观地讲，中西文化交流过程中实质性的西学东渐和中学西渐（如对德国数学家莱布尼茨和法国启蒙思想家、作家、哲学家伏尔泰等著名学者的影响）皆始于利玛窦[①]。利玛窦等传教士在向中国传播西方数学文化的同时，还将中国儒家学说中的大量经典著作翻译成拉丁文寄回欧洲出版发行，向西方国家介绍中国文化。

比如罗明坚翻译了《大学》的部分内容；利玛窦翻译了"四书"；卫方济编译了《中华帝国经典》；殷铎泽翻译了《论语》和《中庸》，并与柏应理一起编译了《中国哲学家孔子》；刘应翻译了《书经》和《礼记》；雷孝思（Jean Baptiste Regis，1663—1738 年，字永维）编译了《中国最古之书易经》；宋君荣编译了《法文书经》等。

在自然科学方面，西方传教士突出地表现出对中药、天文历法、中国建筑的关注。

例如，邓玉函研究中国本草 80 余种；卜弥格（Michel Boym，1612—1659 年，字致远，波兰人）的《中医津要》、冯秉正的《中国通史》论述了中医和中药；殷弘绪向欧洲介绍了中国医药和保健技巧；韩国英的《北京教士报告》论述了中国医治天花的病理和技术。

卜弥格像

---

① 李伯毅：《天主教第二次入华与利玛窦的贡献》，《中国天主教》2004 年第 4 期，第39~43页。

李明（Louis Daniel Lecomte，1655—1728 年，字复初，被法国国王路易十四授予"国王数学家"称号）的《中国现状新记》和宋君荣的《中国天文史略》介绍了中国人对星象、日食的观察记录和干支记年法等。

在建筑学方面，兼乾隆宫廷画师的法国耶稣会传教士王志诚于1747 年著《北京附近的皇室园亭》，向欧洲人详细介绍了圆明园这个中国顶级园林的特点。苏格兰建筑师威廉·钱伯斯勋爵在 1757 年著的《中国房屋建筑》是欧洲第一部介绍中国园林的专著。这部书影响很大，一时间中国式园林在英国和德国的大城市中如雨后春笋般出现。钱伯斯还在英国伦敦亲自设计了伦敦丘园（Kew Garden）的中国式塔。1773 年钱伯斯又著《论东方园林》，德国园林艺术家路德维希·翁则尔（Ludwig Unzer）也著《中国园林论》一书。后来伦敦、波茨坦、慕尼黑、凡尔赛等地的建筑都反映了中国建筑艺术的风格。

曾德昭像

此外，传教士还从经济、军事、地理、社会风俗方面向欧洲介绍了中国万象。除了利玛窦的《天主教传入中国史》（《利玛窦中国札记》）之外，1613 年到达中国南京的葡萄牙传教士曾德昭（Alvaro Semedo，1585—1658 年）于 1636 年返回欧洲出版了《大中国志》。

曾德昭在这部书中详细介绍了孔子和中国的教育制度，并对孔子不屈不挠的人格给予了高度的评价。他写道：

> 孔夫子这位伟人受到中国人的崇敬，他撰写的书以及留下的格言教导也极受重视，以至于人们不仅仅把他当作圣人，同时也把他当作先师和博士。孔夫子的话被视为神谕圣言，人们定期举行隆重的仪式以表示对他的尊崇。

曾德昭对儒家学说和思想的介绍基本真实，尤其是在社会伦理层面，对"敬天"以及如何祭祀介绍得尤为细致具体，这些内容后来在西方产生了较大的影响。曾德昭认为儒教的"敬天"思想主要在于教

导人们对家族中祖先的崇拜和对朝廷的敬畏，从而演化成一种社会生活层面上的有利于统治者的伦理实践。

1736 年，法国传教士杜赫德（J. B. Du Halde，1674—1743 年）综合了一百多年来欧洲传教士有关中国的调查报告，编纂刊印了《中华帝国通志》。

同一时期，汉学研究和教学机构在西方大学纷纷建立。中国科技的西传启发了近代的欧洲科学家，他们开始将中国科技纳入他们的研究视野，就连英国著名生物学家达尔文（Charles Robert Darwin，1809—1882 年）在研究和写作《物种起源》一书的过程中，也曾广泛涉猎传教士带到欧洲的中国科技资料。

总之，中国科技对于欧洲的影响正如李约瑟所说："世界受惠于东亚，特别受惠于中国的整个情况已经非常清楚地显现出来。"①

达尔文像

---

① 朱大锋：《"利玛窦规矩"与明末清初的中西文化交流》，《兰台世界》2009 年第 7 期，第 38～39 页。

第七章　中西数学融会贯通

一、明末清初，朝廷善待欧洲客

　　利玛窦来华之时正处于明王朝统治的衰落时期，明朝政府实行的闭关锁国政策使得"外夷人"难以进入中国，更不用说西方的科学和文化能够顺利地传播到中国了。利玛窦之所以采用"学术传教"的策略，就是想通过上层社会有识之士对西方科学产生的兴趣达到影响最高统治者，进而在中国传播天主教的目的。

　　由于利玛窦等人的不懈努力，这个愿望终于得以实现。在上层社会中，像万历皇帝、徐光启、李之藻、杨廷筠、叶向高等人都对来自异域的文明采取了开放的态度。

万历皇帝像　　　　　　　　　　　顺治皇帝像

清朝初期，清廷对天主教采取了更宽容的态度。年轻的顺治皇帝不仅允许传教士继续留在中国，还任命汤若望为主管天文事务的钦天监监正，诰封汤若望为通议大夫、通政使衔、光禄大夫，赐二品顶戴①。

此外还有许多传教士也得到朝廷的重用，例如对中国数学和天文学有很大影响力的南怀仁，1660 年他被安置到钦天监协助汤若望的工作。至此，传教士们垄断了宫廷天文、数学的研究和教育，他们对欧洲天文学和数学知识在中国的传播起到很大的促进作用。

Johann Adam Schall.
Von einem chinesischen Künstler.

汤若望像

南怀仁像

1687 年 7 月，经南怀仁在《告全欧洲耶稣会士书》中的呼吁，法国国王路易十四派出了张诚、洪若翰、白晋、刘应和李明等 6 名法国传教士（其中 1 人途中死亡）来中国传教，两年后抵达宁波，1690 年 2 月到达北京，受到康熙皇帝的召见。张诚（Jean Francois Gerbillon，1654—1707 年）、白晋被康熙皇帝封为"御前侍讲"，留在宫中负责给康熙皇帝讲几何学、测量学、解剖学、医学，编译《几何原理》《哲学原理》等数学著作，并且在皇宫中设立了化学实验室。由于康熙皇帝的"虚心励学"，传教士们研究中国经典和翻译西方著作之风大炽，

---

① 田淼：《中国数学的西化历程》，济南：山东教育出版社 2005 年版，第 75 页。

白晋也对《易经》产生了浓厚的兴趣①。

康熙皇帝对利玛窦的"学术传教"策略极为赞赏，将其称为"利玛窦规矩"并用来约束在华的传教士。在历史上，康熙皇帝可能是唯一一位认真研究过数学和天文学的中国帝王②。康熙皇帝还成立了研究和学习数学的皇家机构（莱布尼茨曾向康熙皇帝建议成立北京科学院，但未被采纳），组织了大批数学研究人才编写了一部大型的介绍数学知识的《御制数理精蕴》。在他的要求下，法国传教士白晋特地用满语为他系统地讲解了西方几何学和代数学知识。

值得一提的是在利玛窦之后的清朝初期，天主教传教士为了巩固获之不易的地位，也贯彻执行了利玛窦的"学术传教"策略和利玛窦的"数学文化传播"模式。

1631年，艾儒略与瞿式谷合著《几何要法》；邓玉函著译《大测》《割圜八线表》。1644年来华的传教士穆尼阁（J. N. Smogulecki，1611—1656年）引入的最重要的数学知识就是对数算法，这些内容主要包含在他的学生薛凤祚（1600—1680年）出版的《天学会通》中的"比例对数表"和"比例四线新表"中，这是风靡欧洲的对数计算技术在中国的首次传播；此外，穆尼阁还传入了一些新的三角公式以及对数和三角学结合的公式。1744年，罗雅谷（Jacobus Rho）翻译《测量全义》《筹算》；杜德美（PetrusJartoux）所著《周经密率》《求正弦正矢捷法》等书在中国出版发行。

这些数学内容是清朝初期被介绍到中国的最有价值的欧洲数学知识，对中国近代数学的发展起了推动作用③。遗憾的是康熙年间发生的关于东西方文化的"礼仪之争"断送了利玛窦苦心经营多年的天主教传教事业，也阻止了西方数学进入中国的步伐。

雍正元年（1723年），清朝统治者认为西洋人来中国传教对封建统治不利，朝廷仅采用了西方的历法，除在钦天监供职的人外，传教的西方人士都被驱逐到澳门，不许进入内地。其他的诸如数学和科学书籍的翻译工作、中西方文化的交流都泯灭无闻了，这致使利玛窦、

① 徐汇区文化局：《徐光启与〈几何原本〉》，上海：上海交通大学出版社2011年版，第19页。

② 田森：《中国数学的西化历程》，济南：山东教育出版社2005年版，第91页。

③ 田森：《中国数学的西化历程》，济南：山东教育出版社2005年版，第80页。

徐光启和李之藻等人的成果成为昙花一现①。此后的一百余年中，西方数学暂时停止传入。

1840 年的鸦片战争之后，清朝政府被迫打开了中国的大门，西方数学再一次进入中国，其中对西方数学传播影响最大的是英国人伟烈亚力（Alexander Wylie，1815—1887 年）。1852 年，伟烈亚力与李善兰开始合作翻译欧几里得《几何原本》后 9 卷，1857 年出版发行。1865 年，曾国藩将其与利玛窦和徐光启合译的前 6 卷一起印刷出版，《几何原本》终于有了完整的中译本②。

之后，伟烈亚力与李善兰继续合作翻译了《代数学》和《代微积拾级》；华蘅芳与英国人付兰雅合译的《代数术》《微积溯源》《三角数理》《决疑数学》等书籍引起了清末数学家的极大兴趣。但此时的中国传统数学几乎完全不能与西方数学抗衡，甚至连会通的余地都没有了。到 20 世纪初，中国传统数学终于被西方数学所取代。从此，中国数学走上了世界化的道路。

不管利玛窦的"学术传教"策略和"数学文化传播"模式带有多少权宜性的色彩，历史的确让欧洲传教士扮演了传播宗教和科学的双重角色。

多数学者认为，利玛窦等耶稣会士在中国的科学传播活动具有科学文化的内涵和时代的价值。例如，利玛窦把当时最权威、最好的科学知识传播到中国；南怀仁和 17 世纪的耶稣会士们，也把他们能够了解到的欧洲已有的一切科学都带到了中国；明朝末年，《崇祯历书》的编纂又进

华蘅芳像

一步引进了作为"第谷"天体运动体系基础的西方几何学和三角学，并立即得到广泛的应用；明末清初的部分知识分子开始接受西方的地理观念，这对后来中国地理学的发展，特别是世界地理观念的形成，

---

① 梁宗巨、王青建、孙宏安：《世界数学通史》（下），沈阳：辽宁教育出版社 2001 年版，第 530 页。

② 田森：《中国数学的西化历程》，济南：山东教育出版社 2005 年版，第 186 页。

具有深远的影响①。

显而易见，以利玛窦为代表的耶稣会士在许多领域传播科学知识，以充满异质文化气息的西方数学，对明末清初的士大夫们产生了因"异"而"新"的吸引力。他们在数学以及其他科学研究领域，翻译了大量的近代科技书籍，较早地将西方近代数学、地理学、制图学、天文学、哲学、伦理学和医学等融合到中国文化中，为中国科学技术的近代化做出了巨大贡献。

二、康乾时期，传统数学梦复兴

中国古代数学发展到宋元时期达到高峰，进入元末明初时期又从高峰急剧衰落。因此，这造成了中国古代数学与近代数学之间在明朝的"中断"，这一"中断"在数学史和文化史上都是令人费解的事件，著名的"李约瑟问题"正是针对这一事件发出的疑问。

明末清初的西学东渐是中国近代数学的复苏时期，西方传入中国的最重要的数学知识是欧几里得的演绎几何体系、西方笔算数学和三角学②。事实上，这些西方数学作为中国近代数学的肇始，应完全归功于利玛窦的"数学文化传播"模式。而欧洲数学的来临，为中国传统数学注入了新鲜血液，也为中国传统数学与西方数学的会通和融合指明了方向；直到清代中叶，在西方科学的启迪下，人们才重新认识和了解到中国传统数学的地位③。

从明末清初到康乾时期（康熙与乾隆年间），虽然一些本土数学家热衷于学习西方数学，但是他们也努力尝试将西方数学与中国古代数学相融合，为中国传统数学的复兴以及中国近代数学的兴起奠定了基础，在此我们介绍几位明末清初的数学家及其主要工作。

熊明遇（1579—1649 年），字良孺（或子良），号坛石山主人，南昌进贤北山人（今隶属江西省南昌县泾口乡东湖村）。天启元年（1621 年）以尚宝少卿进太仆少卿，寻擢南京右佥都御史。崇祯元年（1628 年）起任兵部右侍郎，后迁南京刑部尚书、拜兵部尚书，致仕

---

① 李伯春、李孝诚：《徐光启、利玛窦和〈几何原本〉》，《淮北煤炭师范学院学报》（自然科学版）2008 年第 2 期，第 20~24 页。

② 田森：《中国数学的西化历程》，济南：山东教育出版社 2005 年版，第 374 页。

③ 梁宗巨、王青建、孙宏安：《世界数学通史》（下），沈阳：辽宁教育出版社 2001 年版，第 500 页。

后又起故官，改工部尚书。他是明末东林党的成员之一，也是明末清初西学东渐的代表人物之一。因与魏忠贤不合，故屡遭贬谪甚至流放，仕途颇多周折，其著作《格致草》和《则草》是两部介绍西方数学的重要著作。

熊明遇像　　　　　　　　黄宗羲像

黄宗羲（1610—1695 年），字太冲，一字德冰，号南雷，浙江绍兴府余姚县人。明末清初经学家、史学家、思想家、地理学家、天文历算学家、教育家。他精通天文历算和数学，曾用历算的方法对武王伐纣的确切年代进行了探讨，写有《历代甲子考》；他重新推算了孔子准确的生辰日期，并参考西方天文学中托勒密的理论考察了中国"日高于月"的说法；他在有限性、无限性的观念认识上亦有所建树，并分析了明朝流行的算盘和《数术记遗》中记载的计算器的区别。黄宗羲也对中国古代数学和西方数学进行了平行比较，认为西方数学中的一些概念方法不过是对中国古代算术的窃取和修改（这是他在数学认识上的局限性所致）。

李之铉（1621—1701 年），字子金，号隐山，河南省商丘市柘城县黄集乡后罗李村人。他自幼聪明好学，天资过人，是清初康熙年间的布衣数学家。李之铉晚年致力于数学研究，著有《算学通义》《几何易简集》《元弧象限表》《历范》等 12 种书共 30 余万字，总名为"隐山鄙事"。其中他的《几何易简录》四卷，收入我国最大的一部丛书《四库全书》天文算法类中，在清初数学发展史中有一定的影响，

并在中西数学会通中起了积极的作用。

王锡阐（1628—1682年），江苏吴江人，天文历算学家。其最重要、最具代表性的著作就是后来被收入《四库全书》的《晓庵新法》6卷本。

该书的第一卷和第二卷介绍的是作为天文计算基础的三角函数知识和基本天文数据；第三卷讲述朔、望、节气时刻，日、月、五星位置的计算；第四卷讨论昼夜长短、晨昏蒙影、月亮和内行星的盈亏现象，以及日、月、五大行星的视直径；

王锡阐像

第五卷为日食计算所需之视差和日心、月心连线的方向（后者称为"月体光魄定向"，用于日、月食方位的计算）；第六卷为日、月食预测及金星凌日、五星凌犯之推算。

限于当时条件，王锡阐未能接触到欧洲天文学的最新发展，他会通中西，以期求得更好的历法的尝试。虽然不可能获得真正的成功，但其出色的研究才能和对中、西历法精深独到的见解，以及一生探求数理之本的努力，使他在明末清初时期的数学和天文学史中占有重要的一席地位。

方中通（1634—1698年），字位伯，号陪翁。安徽桐城人，清初著名数学家、天文学家和著作家。他的主要著作是《数度衍》24卷，附1卷，这是他在28岁以前的10年间努力的结果。

《数度衍》中含有利玛窦和徐光启合译的《几何原本》前6卷的内容以及《同文算指》（明末李之藻译本）和《崇祯历书》的西方笔算方法、中国古代的筹算和尺算方法。他在卷十一"少广"之六内介绍了"倍

方中通像

加隔位合数法"，这是中国学者著作中第一次论及对数的内容，书中的中国算法则包括在《周髀算经》《算法统宗》和明朝顾应祥的《测圆算术》等书内。

可见，除了球面三角以外，《数度衍》几乎包罗了当时刚传入的所有西方数学知识以及当时所能见到的中国古代数学知识，可以称得上是一部数学上的百科全书。在清初数学书籍奇缺的情况下，《数度衍》的刊行，无疑对民间数学知识的学习起了积极的作用。

梅文鼎（1633—1721年），字定九，号勿庵，安徽宣城人，清初天文学家、数学家、历算学家。

17—18世纪，世界上有3位齐名的大数学家——英国的牛顿、日本的关孝和与中国的梅文鼎。牛顿是英国伟大的数学家、物理学家、天文学家和自然哲学家，他在科学上最卓越的贡献是创建微积分和经典力学；关孝和是日本古典数学（和算）的奠基人，也是关氏学派（或称关流）的创始人，在日本被尊称为算圣；而梅文鼎则是承前启后、横贯中西的数学大师，清代天文算法"开山之祖"，被誉为清代"历算第一名家"。

在天文学方面，梅文鼎潜心研究大统历、授时历等历代70余家历法，同时参考西洋历法以求得中西历法的会通。他先后著《古今历法通考》58卷，后增补成70余卷；《历学疑问》3卷；《历学疑问补》2卷；《交食管见》1卷；《交食蒙求》3卷；《平立定三差解》1卷等50多种天文学书籍，并被乾隆钦定的《四库全书》收录。在他著的《仰观仪式》一书中，将我国固有星图与西方传入的星图相互比较，把我国星图有名而外国无名、我国无名而外国有名的星都一一注明，并列出我国古代二十八星宿与近代星座对照表；并且在他的《交食管见》《交食蒙求》中，提出了更加准确的交食预报方法。

在数学方面，梅文鼎的第一部数学著作《方程论》撰成于康熙十一年（1672年），以"方程"这一"非西方数学所独有"的中国传统数学精华来显示中华数学的骄傲。在对待西方数学的问题上，他主张"去中西之见，以平心观理"，不但

梅文鼎像

发掘整理中国古代算术，还潜心研读《几何原本》等西方数学书籍，力求将中西方的数学方法进行融会贯通。他根据中国人书写的特点和习惯，把《同文算指》的横式算式改为直式，把直式的纳皮尔算筹改为横式；在《几何补编》中证明了除六面体外的其他四种多面体的体积和内切球半径的公式，纠正了罗雅谷的《测量全义》中计算二十面体体积的错误。

《中西算学通》是梅文鼎所著26种数学图书的总称，几乎总括了当时世界数学的全部知识，达到当时我国数学研究的最高水平。其中《笔算》5卷是介绍《同文算指》的算法、《筹算》7卷是介绍纳皮尔算筹的计算方法、《度算释例》2卷是介绍伽利略比例规的算法；此外，他还著有《平三角法举要》5卷、《弧三角举要》5卷，系统地整理当时传入我国的平面三角和球面三角知识；《环中黍尺》5卷、《堑堵测量》2卷、《方圆幂积》2卷、《几何补编》5卷、《勾股举隅》1卷，连同《方程论》6卷等14种，也都被收编到《四库全书》之中。

在评价利玛窦和徐光启的译著《几何原本》时，梅文鼎认为此书"以点线面体为测量之资，制器作图颇为精密"，但"篇目既多，而取径纡回，波澜阔远，枝叶扶疏，读者每难卒业"。因此，他用传统的勾股算法证明了《几何原本》卷二、卷三、卷四、卷六中15个定理；在《堑堵测量》一书中，他用勾股算法求出了球面直角三角形的边角关系公式；在《环中黍尺》一书中，他用直角射影的方法证明了球面三角学的余弦定理，同时还用几何方法证明了平面三角学的积化和差公式。

梅文鼎在《勾股举隅》中提出了勾股定理的三种新证法并且独立发现了"理分中未线（即黄金分割法）"；他论述的多元一次方程、"求周径密率捷法"、"求弦矢捷法"等公式，对清朝数学的发展起到了推动作用；他的数学成就影响遍及整个清代，正所谓"自征君以来，通数学者后先辈出，而师师相传，要皆本于梅氏"。

梁启超在《清代学术概论》中，把梅文鼎列为清代六大儒之一，誉其为清代天文算法"开山之祖"；清代著名数学家焦循赞扬梅文鼎的学术成就时曰"千秋绝诣、自梅而光"；我国近现代著名数学史家严敦杰先生评价说："在17—18世纪我国的数学研究中，主要为安徽学派所掌握，而梅氏祖孙为中坚部分。"

焦循（1763—1820 年），字理堂（或字里堂），江苏扬州黄珏镇人，清朝时期哲学家、数学家、戏曲理论家，是清代扬州学派的代表人物之一，在清代学术史上占有重要地位。焦循思想深邃、领悟敏锐，尤精于历算之学。撰有《释弧》3 卷、《释轮》2 卷、《释椭》1 卷、《加减乘除释》8 卷、《天元一释》2 卷、《开方通释》1 卷，又命其子琥作《益古演段开方补》以附《里堂学算记》之末，当时的算学名家李锐、汪莱、钱大昕等皆与他讨论过问题。

焦循像

从此之后，中国数学家更加努力地研究西方近代数学，把它与中国的传统数学相结合来推进中国数学近代化，并且出现了一批贯通中西的数学家和数学著作。据不完全统计，清朝初期，从事研究西方数学的学者达 112 人，撰写了许多中西结合的数学专著。

《崇祯历书》

除了梅文鼎、王锡阐的著作外，还有李之铉（即李子金）著《几何易简集》4 卷；杜知耕著《几何论约》7 卷；年希尧著《对数应用》1 卷、《对整表》1 卷、《三角法摘要》1 卷；毛宗旦著《勾股蠡测》1 卷；陈订著《勾股述》2 卷、《勾股引蒙》10 卷；王元君著《勾股衍》1 卷；程禄著《西洋算法大全》4 卷；戴震著《算经十书》1 卷、《策算》1 卷、《勾股割圜论》3 卷；焦循著《加减乘除释》8 卷、《开方通释》1 卷、《释弧》3 卷、《释椭》1 卷等，为中国近代数学的发展奠定了良好的基础[①]。

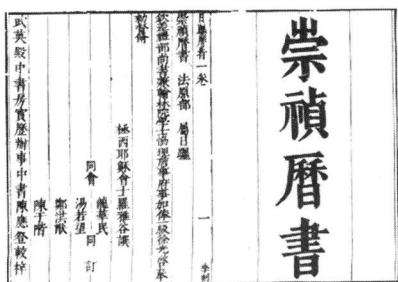

---

① 黄启臣：《澳门——16 至 19 世纪中西文化交流的桥梁》，《比较法研究》1999 年第 1 期，第 15~36 页。

与此同时，利玛窦开创的中西文化传播与交流的成果也随着岁月的流逝而断断续续地延续下来。例如，1634 年，罗雅谷、邓玉函、汤若望等人译成天文学参考书籍 137 卷（总书名为"崇祯历书"）。

1712 年，康熙皇帝下旨编写了《历象考成》42 卷、《律吕正义》5 卷、《御制数理精蕴》53 卷（共 100 卷）。其中，《御制数理精蕴》是一部融中西数学于一体的"初等数学百科全书"，包括上编 5 卷、下编 40 卷，数学用表 4 种 8 卷。上编名为"立纲明体"，主要内容为《几何原本》《演算法原本》；下编名为"分条"，包罗了算术、代数、几何、三角等初等数学的多方面材料。此书有着康熙"御定"的名义，获得了广泛的流传，从而促成了乾嘉时期数学研究的高潮①。

《御制数理精蕴》

《御制数理精蕴》中有一套专用数字名称，比如：个、十、百、千、万、亿、兆、京、垓、秭、穰、沟、涧、正、载、极、恒沙河、阿僧只、那由他、不可思议、无量数，其中个至万为十进制，从万至不可思议为万进制。比个位小的数，按十分之一递减，依次为分、厘、毫、丝、忽、微、纤、渺、漠、模糊、逡巡、须臾、瞬息、弹指、刹那、六德、虚空、清静等。

之后，在乾嘉学派数学家的努力下，一批中国传统数学著作被重新校勘，编入了《四库全书》中，使得传统的数学成果被重新理解。此套丛书获得了广泛的流传，从而促成了乾嘉时期数学研究以及中国传统数学复兴的高潮，直至西方近代数学（如微积分）和科学文化的再次传入。

具有鲜明特色的《畴人传》的编撰可视为最后一幕。1799 年，阮元、李锐等完成《畴人传》49 卷，记录了自黄帝至明清的中国数学家270 多人；1840 年，罗士琳写了《续畴人传》6 卷；1886 年，诸可宝续写《畴人传三编》7 卷；1898 年，黄钟骏再写《畴人传四编》11卷，使得《畴人传》总计达 73 卷，60 余万字，记录的中国数学家约400 人、西洋学者 52 人。

---

① 田淼：《中国数学的西化历程》，济南：山东教育出版社 2005 年版，第 373 页。

此后，中国古代传统数学的研究工作停滞不前，除了一些研究数学史的学者之外，中国古代数学再也无人问津。中国数学有4 000多年的历史，约400位知名数学家，约2 500种数学著作（包括失传的在内），流传下来的差不多有2 100种。这是中华民族对人类的伟大贡献，值得我们中华儿女引以为荣。

在19世纪初至鸦片战争前，除了在数学方面有几许研究成果和高潮外，在光学领域中国也涌现了两位很了不起的民间学者，即郑复光和邹伯奇。他们仅仅借助邓玉函、汤若望、南怀仁、戴进贤等来华传教士一两百年前带来的并不系统充分的且早已过时的光学知识，经过自身所做的试验，当然也不排除对外国进口的望远镜等光学仪器样品的研究，撰写了中国人自己的光学著作，探索制造望远镜等光学仪器的方法①。

郑复光（1780—约1853年），字元甫、瀚香，安徽歙县人。当时以研究农学著称的学者包世臣在为郑复光的《费隐与知录》所撰写的序言中写道："近世盛行西法，自乾隆之季迄今，以算学知名者十数。"包世臣提到了他与郑复光共同的好友歙县人汪莱和吴县人李锐二人，称"尝招集于秦淮水榭，二君各言中西得失之故"，且经常辩论得不可开交。

汪莱著有数学专著《衡斋算学》；李锐则不仅工于数学，还是阮元《畴人传》的主要撰稿人。当时还有张敦仁（1755—1833年，数学家）、焦循（1765—1814年，天文学家和数学家）、程恩泽（1785—1837年，精于天文地理）、张穆（1808—1849年，地理学家）、丁守存（1812—1883年，近代科技专家）等一大批知识分子，他们时常在一起讨论西方数学。

阮元像

郑复光一生著有多部科学著作，其中数学方面的著作有《周髀算经浅注》《割圆弧积表》《笔算说略》《正弧六术通法图解》等，而《镜镜詅痴》则是一部专门研究光学原理和介绍光学仪器，特别是望

远镜制造方法的专著①。

在《镜镜詅痴》中，郑复光多次引用了熊三拔的《泰西水法》、汤若望的《远镜说》、邓玉函的《奇器图说》、南怀仁的《灵台仪象志》和《崇祯历书》中的内容。

梁启超曾经高度评价《镜镜詅痴》一书曰：

> 明末历算学输入，各种器艺亦副之以来，如《火器图说》《奇器图说》《仪象志》《远镜说》等，或著或译之书亦不下十余种。后此之治历算者，率有感于"欲善其事先利其器"，故测候之仪，首所注意，亦因端而时及他器，梅定九所创制则有"勿庵揆日器""勿庵测望仪""勿庵仰观仪""勿庵浑盖新仪""勿庵月道仪"等。戴东原亦因西人龙尾车法作赢族车，因西人引重法作自转车，又亲制璇玑玉衡——观天器，李申耆自制测天绘图之器亦有数种，凡此皆历算学副产品也。而最为杰出者，则莫如歙县郑浣香复光之《镜镜詅痴》一书。②

可见《镜镜詅痴》一书在中国科学史上占有重要地位。

邹伯奇是在郑复光之后清代中期另一位成就卓越的光学家和望远镜制造者。梁启超对他也有评述称：

> 格术之名及其术之概略，仅见于宋沈括《梦溪笔谈》，后人读之亦莫能解。特夫知其即是光学之理，更为布算以明之。以算学释物理自特夫始。③

邹伯奇（1819—1869 年），字一鄂、特夫，号征君，广东南海人。他自幼从其父邹善文读书，平时最喜欢算学，善于思考且爱刨根问底。邹伯奇曾就任广州学海堂学长、广雅书院教师，并且参加了广东省地图的测绘工作。

---

① 余三乐：《望远镜与西风东渐》，北京：社会科学文献出版社 2013 年版，第 215～217 页。
② 梁启超：《中国近三百年学术史》，天津：天津古籍出版社 2003 年版，第 393 页。
③ 余三乐：《望远镜与西风东渐》，北京：社会科学文献出版社 2013 年版，第 231 页。

1866 年，北京京师同文馆添设天文算学馆，郭嵩焘曾上书举荐邹伯奇和李善兰到同文馆任职；曾国藩也欲延聘邹伯奇到上海江南制造局附设的书院教授数学，但邹伯奇淡泊名利，两次均辞谢。他只在广东的家乡专心钻研科学技术，与夏鸾翔、吴嘉善、丁取忠、陈澧等学者往来相契，常常共同探讨学术问题。

邹伯奇像

邹伯奇的研究兴趣与成就涉及数学、天文学、光学等科学领域，他尤其精通于几何光学、摄影技术和仪器制造。1874 年出版的邹伯奇著作集中包括了有关天文学的《学计一得》2卷、《赤道南北恒星图》2 幅、有关数学的《补小尔雅释度量衡》1卷、《对数尺记》1 卷、《乘方捷术》3 卷等著作。

邹伯奇使用过的天球仪和望远镜

对上述两位光学科学家，《中国光学史》有如下的评价①：

郑复光的卓越之处在于：他所处的时期，西洋光学传入的还很少，一本《远镜说》不过几千个字，真正叙述望远镜光学原理的尤其可怜，而且其中还有许多差错。另外就是《灵台仪象志》一类的天文书本，偶尔涉及光学。郑复光能

① 余三乐：《望远镜与西风东渐》，北京：社会科学文献出版社 2013 年版，第 241 页。

够取它的精髓，吸取我国古代传统的光学知识，精心研究，融会贯通，独自创立起具有中国特色的光学大厦，实在是难能可贵。

而邹伯奇则以对问题研究的深入著称。他解释了一系列理论问题，得到了许多定量关系，而且大多正确无误，把我国的光学知识提高到一个新的水平。

19世纪的两次鸦片战争使得中国人开始清醒和正确地对待中西科学技术之间的差异。大批的中国人开始加入通过自觉地学习西方的科学技术、军事技术和政治理论以求国富民强的自强和维新运动。相对于当时利玛窦为了传播天主教而不得已采用的"学术传教"策略及其充当先锋的"数学文化传播"模式来说，西方数学作为西方军事技术及民用技术的基础得到了中国人的普遍重视，并最终进入基础教育体系且主导了中国近代数学的研究方向，中国数学的复兴也已经成为大家共同努力和为之奋斗的目标。

第二次鸦片战争（1860年）后，曾国藩、李鸿章等官僚集团开展了"洋务运动"，并主张介绍和学习西方数学。1866年恭亲王奕䜣建议在同文馆内添设算学，1868年曾国藩、李鸿章于上海江南制造局内添设翻译馆，中国数学家和外国人一起翻译了一批近代数学著作，而翻译著作也是中国在近代力图复兴传统数学的一大举措。

北京同文馆　　　　　　　　　　　江南制造局翻译馆

由于从西方输入的近代数学需要一个消化吸收的过程，加上清末统治者十分腐败，在太平天国运动的冲击和帝国主义列强的掠夺下，清政府焦头烂额无暇顾及数学研究。因此，直到1919年五四运动以

后，中国现代高等教育以及现代数学的研究才真正开始。

三、民国至今，中西数学终会通

辛亥革命前后，一大批爱国青年怀着科学救国的雄心壮志奔赴美国、法国、德国、英国、日本等国家学习现代数学，他们学成回国后，在各地的大学中为发展中国现代高等数学教育立下功勋。

1912 年，中国第一个大学数学系在北京大学成立，由留学日本京都帝国大学的冯祖荀任系主任，这是中国现代高等数学教育的开端；1920 年，姜立夫在天津创建南开大学数学系，到了 1940 年左右，他又筹建了中国第一个数学研究所；1927 年，清华大学数学系成立，郑之蕃任第一任主任；1930 年，中国第一个研究生院在清华大学成立，并且于 1931 年开始培养自己的第一批数学研究生；1929 年和 1931 年，陈建功和苏步青先后从日本东北帝国大学获得理学博士学位回国，并先后出任浙江大学数学系主任。

与此同时，东南大学（1921 年）、北京师范大学（1922 年）、武汉大学（1922 年）、厦门大学（1923 年）、四川大学（1924 年）、中山大学（1924 年）、东北大学（1925 年）、安徽大学（1930 年）、山东大学（1930 年）相继成立数学系，许多数学家放弃了国外优越的生活环境回国任教，为发展中国现代数学贡献了毕生的精力。

20 世纪 30 年代之清华数学会。第 2 排右起第 6 人为华罗庚，前排左 1 为郑之蕃，左 3 为阿达玛，左 4 为维纳，左 5 为熊庆来……

维纳、阿达玛在清华大学讲学

从 20 世纪 20 年代起，我国开始邀请国外数学家来华访问和讲学，至 30 年代达到高潮。那段时间，许多著名数学家先后来到中国。例如：英国数学家罗素到北京大学做了数学基础的演讲（1921 年）；美国数学家维纳在清华大学开设了傅立叶分析的系列课程（1935—1936 年）；法国数学家阿达玛也做了偏微分方程理论的系列演讲等。我国数学界的这些举措，对国内青年学生与学者的学术成长有很大的帮助，并且进一步促进了中西方数学研究的交流①。

1949 年，中华人民共和国成立后，中国现代数学的发展进入了新阶段。一部分数学家旅居国外，继续追赶国际数学发展潮流；另一部分数学家则在国内，参加新中国的科学文化建设。1950 年后的中国数学研究，规模成倍扩大，纯粹数学和应用数学的门类逐渐齐全，各项重点项目发展很快。

华罗庚领导的数论研究，云集了王元、陈景润、潘承洞等青年数学家，他们日后均有重大贡献。1956 年，华罗庚以多元复变函数论研究、吴文俊以拓扑学研究分别荣获国家自然科学奖一等奖（另一项获得者是钱学森的《工程控制论》）。在南方，苏步青、陈建功领导的复旦大学数学系，研究成果累累。较年轻的谷超豪、胡和生、夏道行等脱颖而出，在微分几何、函数论诸方面取得国际水平的成果。

华罗庚以及数论小组

在学习苏联的号召下，中国数学也深受苏联数学学派的影响。中国数学界的风气因此而趋于基础扎实、推理严谨。通过派遣留学生和

---

① 李文林：《数学史概论》（第 3 版），北京：高等教育出版社 2011 年版，第 397~398 页。

邀请苏联专家讲学，一些与国计民生有紧密关系的学科，如微分方程、计算数学、概率统计等都得到优先发展。

1957 年之后，中国数学在曲折中前进。经常性地忽视基础理论研究、片面强调应用，违反了数学研究的规律。当然，在付出了巨大代价之后，也产生了促进应用数学发展的一些因素。例如 1958 年大搞线性规划的群众运动，数学家放下手头的研究，学校师生走出课堂，正常的秩序被破坏了。剩下的一点好处是，与国计民生有关的数学课程相继成为数学系的必修课，如线性代数、偏微分方程、概率统计等都是如此。

此外，如苏步青因研究船体放样发展起计算几何，吴大任用微分几何方法研究齿轮啮合问题，关肇直研究数学控制论为"两弹一星"服务，都是值得称道的工作。华罗庚在晚年致力于优选法、统筹法的推广，走遍厂矿工地，解决实际问题，更是体现了大数学家的拳拳报国心。

十年"文革"之后，中国数学界迅速复苏。陈景润的"哥德巴赫猜想研究"如报春信息，传遍大江南北，他也成为一代知识青年的科学偶像。在 1966 年独立创立"有限元方法"的冯康，赢得了广泛的国际赞誉。与此同时，国家不断出台推动科学研究发展的政策：设立博士学位，创设国家自然科学基金，建立职称评审制度，恢复国家科学奖，鼓励青年人到国外留学，开展广泛而深入的国际数学交流。

在这一时期，许多数学家相继做了大量的研究工作，如廖山涛的微分动力系统的稳定性研究，陆家羲的"关于不相交 Steiner 三元素大集的研究"，姜伯驹等的"不动点类理论"，张恭庆的"临界点理论及其应用"，谷超豪等的"经典规范场理论研究"等工作，都先后赢得了国际声誉。

频繁而密切的国际交往是 20 世纪 80 年代以来中国数学的重要特点，一些旅居国外的数学家对中国数学发展倾注了巨大的热情。陈省身建立南开数学所并任所长；林家翘创立"工业与应用数学学会"和创立清华"应用数学研究所"；丘成桐倡议建立"晨星数学基金会"，召开华人数学家大会，力争使华人数学家在世界上取得能与国际数学名家独立平等交流的地位。

国际数学界的权威组织是国际数学联盟（IMU），每四年组织一次国际数学家大会，中国数学家熊庆来 1932 年首次出席在苏黎世举行的大会。在此后的国际数学家大会上，陈省身等旅居海外的数学家做过

一小时的大会报告或 45 分钟的分组报告。在国内工作的华罗庚、吴文俊、陈景润、冯康等也都收到在大会演讲的邀请，但都因代表权问题而未能成行，直到 1986 年这一问题才获得圆满解决。

进入 20 世纪 90 年代，在国际数学家大会上做报告的有在中国大陆本土工作的数学家张恭庆、马志明等。许多来自中国大陆留学美国的数学家，如田刚、林芳华、夏志宏等，都取得了世界一流的研究成果，更多的华人学者也应邀在国际数学家大会做过分组演讲。

回首往事，新中国现代数学的发展真是沧桑巨变。但是，展望将来，中国数学还没有达到世界一流水平，需要继续努力。1988 年，中国数学界提出："群策群力，使数学率先赶上国际先进水平。"而成为 21 世纪的数学大国，能够和国际数学界独立平等地进行学术交流，将是我们未来仍需要不懈努力的奋斗目标。

总而言之，天主教文化进入中国，主观上是为西方列强（如葡萄牙、西班牙等）征服中华文明、掠夺中国资源提供手段，传教士入华的动机和目的无疑是其肩负的宗教使命。然而，客观上传教士却把以"天主教义"为核心的西方文化带进中国，也把中国文化传到了西方。意想不到的是，"宗教角色"向"学术角色"的转换，促生了千载难逢的"中西会通"的历史机遇，出现了各个学科"会通中西"的大量科技成果①。

诚然，来中国的传教士，有的是披着宗教外衣，实际是出于纯政治目的而从事超宗教的文化侵略活动；有的则是以传教士的身份，主要从事有益的文化教育事业。虽然他们也不自觉地在一定程度上协助了殖民侵略，但更多的则是出于宗教目的和信仰，责无旁贷地担负起到各地传播"福音"和传播文化的神圣使命。

利玛窦正是这样一位以传播"天主教义"、宣扬基督精神为宗旨，同时天才地创造了"学术传教"策略及其"数学文化传播"模式而竭尽全力推进中西方文化交流的"数学使者"，是"人类历史上第一位集欧洲文艺复兴时期的诸种学艺和中国四书五经等古典学问于一身的巨人"，也是"地球上出现的第一位'世界公民'"②。

---

① 陈俊民：《"理学"、"天学"之间——论晚明士大夫与传教士"会通中西"之哲学深意（上）》，《中国哲学史》2004 年第 1 期，第 16～26 页。

② ［日］平川佑弘著，刘岸伟、徐一平译：《利玛窦传·序言》，北京：光明日报出版社 1999 年版，第 3 页。

利玛窦传记年表

［1］1552 年 10 月 6 日，利玛窦出生于意大利的马切拉塔城。

［2］1561 年，开始在马切拉塔的耶稣会寄宿学校学习。

［3］1568 年，利玛窦的父亲把他送到罗马大学学习法律，并希望利玛窦在法律领域取得成就。

［4］1571 年 8 月 15 日，利玛窦中断了法律学习，加入耶稣会。

［5］1572—1573 年，就读于佛罗伦萨耶稣会学院。学习成绩优良，这为利玛窦在罗马学院学习人文和科学奠定了基础。

［6］1573 年 9 月，利玛窦在罗马学院读书。

［7］1577 年 5—8 月，利玛窦被派往东方传教，来到了西班牙里斯本等待前往印度的船只；同时，在科英布拉学院学习葡萄牙语和神学。

［8］1578 年 3 月，利玛窦被葡萄牙塞巴斯蒂安国王召见。

［9］1578 年 3 月 24 日，乘"圣路易斯"号帆船，从里斯本向东方进发。

［10］1578 年 9 月 13 日，利玛窦到达印度果阿，继续学习神学，在果阿和柯钦的寄宿学校教授学生人文科学、拉丁语和希腊语。

［11］1580 年 7 月底，在印度柯钦，利玛窦晋升为神职神父。

［12］1581 年，利玛窦返回果阿。

［13］1582 年 4 月 26 日，利玛窦乘船离开果阿，前往中国澳门尝试帮助罗明坚进入中国。

［14］1582 年 6 月，他途经马六甲海峡。

［15］1582 年 8 月 7 日，利玛窦抵达澳门，开始学习中国语言和习俗。

［16］1583 年 9 月 10 日，利玛窦与罗明坚进入中国肇庆，之后他

们建立了第一个传教驻地。

[17] 1584 年 10 月，利玛窦出版了第一份中文版世界地图，并用中文和罗明坚起草了第一部《祖传天主十诫》。

[18] 1584 年，罗明坚在利玛窦的协助下，出版了第一本基督教神学著作《天主圣教实录》。

[19] 1586 年，罗明坚前往浙江绍兴、广西桂林等地试图建立起新的驻地。但是他们经过了几次尝试，也没能够成功。

[20] 1588 年 12 月 20 日，罗明坚被教皇召回罗马安排教皇使节去见中国皇帝之事，而利玛窦和麦安东神父继续留在肇庆。

[21] 1589 年 8 月 3 日，广东新任总督刘继文把传教士驱逐出肇庆。经过多方努力，利玛窦和麦安东被许可前往韶州，在那里建立了第二个传教驻地。

[22] 1589 年 8 月 26 日，利玛窦在韶州定居。

[23] 1589—1591 年，利玛窦在韶州结识瞿太素，并传授给瞿太素西方科学技术和数学知识，与瞿太素合作翻译欧几里得《几何原本》第一卷，此书对弘扬传教士的文人之名作用极大。

[24] 1591 年 7 月 17 日，麦安东神父去世。圣诞节前后，意大利人石方西神父抵达韶州协助利玛窦传教。

[25] 1591 年 12 月，利玛窦开始将儒家经典著作"四书"翻译成拉丁文。

[26] 1592 年 7 月，耶稣会韶州寓所遭居民袭击，利玛窦扭伤一足。

[27] 1592—1593 年，利玛窦至澳门，与范礼安会面。

[28] 1593 年 11 月 5 日，石方西神父去世。同年，利玛窦开始用中文撰写《天主实义》，聘请中国文人，学习中文写作技法。

[29] 1594 年 7 月 7 日，郭居静神父来韶州。

[30] 1594 年 11 月，作为耶稣会士，利玛窦和郭居静易儒服，雇用仆从，出门乘轿。

[31] 1595 年 4 月 18 日，离开韶州前往南京。

[32] 1595 年 5 月中旬，利玛窦乘坐的船只在赣江上遭遇沉船之难，他年轻的中国助手溺亡。

[33] 1595 年 6 月 28 日，利玛窦停留南京被拒。同年 11 月，返回迁入南昌，建立第三个传教驻地，出版第一部用中文写成的《交友论》。

〔34〕1596 年，利玛窦为提高在中国人中间的可信度，同意在公共场合测试记忆力，应邀刊刻教授记忆力方法的著作《西国记法》。

〔35〕1597 年 8 月，利玛窦被任命为中国传教区的会长。

〔36〕1598 年 9 月 7 日至 11 月 5 日，利玛窦和礼部尚书王忠铭一起到达北京，但由于朝鲜战争而被迫离开。

〔37〕1599 年 2 月 6 日，利玛窦定居南京，并建立了第四个传教驻地，刊印《四元行论》。

〔38〕1600 年，利玛窦在南京与徐光启短暂会晤。同年，以向万历皇帝进献贡品为名，再次出发前往北京，但是被当权宦官马堂在途中抓住，利玛窦被关押到天津的城堡里，直到 1601 年才被释放。

〔39〕1601 年 1 月 24 日，利玛窦奉皇帝口谕作为欧洲使节被带进紫禁城，他带了许多西方礼物献给皇帝。同年 2 月，他撰写《西琴曲意八章》。

〔40〕1601 年 5 月 28 日，利玛窦获准在北京久居，并且将一直拥有朝廷的俸禄，生活到临终。

〔41〕1602 年 8 月，利玛窦与李之藻刊印改版《坤舆万国全图》。

〔42〕1603 年秋天至冬天，利玛窦出版最重要的神学著作《天主实义》，出版了第四版中文世界地图并起名为"两仪玄览图"。

〔43〕1605 年，利玛窦刊刻《天主教要》和《二十五言》。同年，在宣武门附近购买土地，用于建造耶稣会在北京的寓所"南堂"。

〔44〕1606 年 1 月，给艺术家程大约提供四幅版画与注解。

〔45〕1606—1607 年，利玛窦与徐光启合作翻译出版了欧几里得《几何原本》的前六卷。与李之藻合作翻译了《浑盖通宪图说》。

〔46〕1608 年 1—2 月，印刷《畸人十篇》，并在同年秋天，开始编纂他的历史著作《基督教远征中国史》（《利玛窦中国札记》）。

〔47〕1609 年 9 月 8 日，在北京创建"圣母玛丽亚联谊会"。

〔48〕1610 年，耶稣会在北京寓所建造一所教堂。5 月 11 日，利玛窦积劳成疾，病逝于北京，万历皇帝赐茔地将他安葬在中国。

利玛窦的中文著作

[1]《葡汉词典》，1583—1588 年间，利玛窦与罗明坚在肇庆合作编写。

[2]《祖传天主十诫》，1584 年与罗明坚一起合作在肇庆刊刻发行。同年，利玛窦与罗明坚还翻译刊刻了《圣母赞歌》《使徒信条》及《主祷词》（这三本书均已失传）。

[3]《天主圣教实录》，1584 年由罗明坚刊行于肇庆，利玛窦参编了部分内容。

[4]《山海舆地全图》，1584 年绘制于肇庆，这是利玛窦的第一版（初版）世界地图（已经失传）；1600 年在南京，1602 年（有两份存世）、1603 年、1608 年以及 1609 年在北京刊印了第二版（修订版）；1602 年还与李之藻合编第三版，改名为《坤舆万国全图》；之后的第四版又更名为"两仪玄览图"；此后，该图总共刻印 16 版。

[5]《教义会话》，1585—1588 年间，利玛窦与罗明坚合编于肇庆。原中文稿无题，此书名是德礼贤所定。

[6]《教宗希克斯塔斯五世致中国皇帝函》，1588 年间由利玛窦与一个无名氏儒士合撰，作为计划中的教宗信函的草稿。

[7]《格里高利历编译文》，1589 年利玛窦编写。1625 年左右，由金尼阁以《推定历年瞻礼日单》之名刊印。

[8]《交友论》，1595 年在南昌刊刻，以后曾多次再版；1598 年，利玛窦将其翻译成了意大利语。

[9]《西国记法》，1596 年在南昌编辑出版；1625 年重新出版（现存本）。

[10]《四元行论》，1599—1600 年间在南京编印，1614 年再版。

[11]《二十五言》，1599—1600 年间作于南京，1605 年在北京

刊行。

[12]《山海舆地全图》，1600 年在南京刊刻。

[13]《经天该》，1601 年刊刻于北京，利玛窦与李之藻的首次合作。

[14]《西琴曲意八章》，1601 年在北京成书；1608 年出版，成为《畸人十篇》的附录。

[15]《坤舆万国全图》，1602 年在北京刊刻。

[16]《两仪玄览图》，1603 年在北京刊刻。

[17]《天主实义》，1603 年在北京刊行，1605 年有了广州版本，1607 年有了杭州版本，这是利玛窦最重要的宗教著作。

[18]《天主教要》，1605 年在北京刊行。

[19]《西字奇迹》，1605 年刊行于北京，包括汉字和拼音。

[20]《日球大于地球、地球大于月球》，1606—1607 年间出版于北京。

[21]《程氏墨苑》，1606 年由程大约和程士方两位艺术家兄弟在北京刊行。内含利玛窦赠送的《信而步海，疑而即沉》《二徒闻实，即舍空虚》《淫色秽气，自速天火》以及《古代圣母像》，还收录了利玛窦的《西字奇迹》。

[22]《辩学遗牍》，1607 年著成，1629 年由李之藻出版于北京。

[23]《浑盖通宪图说》，1607 年刊行于北京和杭州。这是利玛窦与李之藻合作翻译的克拉维乌斯的《论星盘》的中文版。

[24]《几何原本》，1607 年刊行于北京，这是利玛窦与徐光启合作翻译的克拉维乌斯的欧几里得《几何原本》拉丁文版前六卷。

[25]《同文算指》，李之藻根据利玛窦传授的克拉维乌斯的《实用算术概论》写成，内含李之藻的原创部分，1613 年在北京出版发行。

[26]《测量法义》，1607 年由利玛窦与徐光启合著于北京，1617年由徐光启刊印。

[27]《勾股义》，1607 年徐光启根据利玛窦的讲授编著，1617 年之后，由徐光启在北京刊印。

[28]《乾坤体义》，1607—1608 年间，利玛窦与李之藻根据克拉维乌斯的《天球论注解》的批注合著而成。1614 年由李之藻刊行于北京，内含利玛窦与李之藻合著的原本独立成篇的《日球大于地球、地

球大于月球》。

［29］《畸人十篇》，1608 年刊刻于北京，这是利玛窦论述道德教育的成功之作，其中引用《伊索寓言》六篇。

［30］《圜容较义》，1609 年利玛窦与李之藻根据克拉维乌斯的《圜内图形》编译而成，1614 年由李之藻刊刻于北京。

［31］《利玛窦中国札记》，1608—1610 年间，利玛窦于生命的最后两年用意大利文撰写的手稿。1613 年，金尼阁将此手稿携带回欧洲。在旅途中，金尼阁将其翻译成拉丁文，1615 年以"基督教远征中国史"为书名在欧洲首次出版。金尼阁对利玛窦的原文做了改动，增加了利玛窦去世以及葬礼等情节。

参考文献

［1］梁宗巨、王青建、孙宏安：《世界数学通史》，沈阳：辽宁教育出版社 2001 年版。

［2］吴文俊主编：《世界著名数学家传记》（上），北京：科学出版社 1995 年版。

［3］梅荣照：《明代以后中国传统数学落后的原因》，《中国科技史料》1981 年第 4 期。

［4］［美］史景迁：《利玛窦传——利玛窦的记忆秘宫》，西安：陕西人民出版社 2011 年版。

［5］［意］菲利浦·米尼尼：《利玛窦——凤凰阁》，郑州：大象出版社 2012 年版。

［6］何兆武：《中西文化交流史论》，武汉：湖北人民出版社 2007 年版。

［7］沈定平：《明清之际中西文化交流——明代：调适与会通》，北京：商务印书馆 2007 年版。

［8］朱维铮：《走出中世纪》（增订本），上海：复旦大学出版社 2007 年版。

［9］［意］利玛窦、［比］金尼阁著，何高济等译：《利玛窦中国札记　传教士利玛窦神父的远征中国史》，桂林：广西师范大学出版社 2001 年版。

［10］黎玉琴、刘明强：《利玛窦史海钩沉一则》，《肇庆学院学报》2011 年第 4 期。

［11］［美］邓恩著，余三乐、石蓉译：《从利玛窦到汤若望——晚明的耶稣会传教士》，上海：上海古籍出版社 2003 年版。

［12］朱大锋：《"利玛窦规矩"与明末清初的中西文化交流》，

《兰台世界》2009 年第 7 期。

[13] 张祖林：《论〈几何原本〉在中国的传播及意义》，《华中师范大学学报》（自然科学版）2000 年第 2 期。

[14] 徐宏英：《利玛窦与〈几何原本〉的翻译》，《青岛大学师范学院学报》2008 年第 2 期。

[15]［意］利玛窦著，朱维铮主编：《利玛窦中文著译集》，上海：复旦大学出版社 2007 年版。

[16] 曾峥、刘翠平：《利玛窦在韶关对西方数学的传播及其影响（下）》，《韶关学院学报》2009 年第 5 期。

[17] 李晓芳：《明末耶稣会士在韶州的活动》，暨南大学硕士学位论文，2003 年。

[18] 黄一农：《瞿汝夔（太素）家世与生平考》，《大陆杂志》1994 年第 5 期。

[19]［法］裴化行著，管震湖译：《利玛窦神父传》，北京：商务印书馆 1998 年版。

[20] 黄一农：《两头蛇：明末清初的第一代天主教徒》，上海：上海古籍出版社 2006 年版。

[21] 王成义：《徐光启家世》，上海：上海大学出版社 2009 年版。

[22] 徐汇区文化局：《徐光启与〈几何原本〉》，上海：上海交通大学出版社 2011 年版。

[23] 张铠：《庞迪我与中国》，郑州：大象出版社 2009 年版。

[24] 方豪：《中国天主教史人物传》，北京：宗教文化出版社 2007 年版。

[25] 宋会群：《论韶文化的概念与区域文化特征》，《韶关学院学报》2010 年第 1 期。

[26] 李明山：《明朝末年韶州人民的反洋教斗争（下）》，《韶关学院学报》2009 年第 7 期。

[27] 曾峥、刘翠平：《利玛窦在韶关对西方数学的传播及其影响（上）》，《韶关学院学报》2009 年第 4 期。

[28] 李晓丹：《17～18 世纪中西建筑文化交流》，《新建筑》2006 年第 3 期。

[29] 关汉华：《16 世纪后期天主教在广东的传播与影响》，《中南民族大学学报》（人文社会科学版）2003 年第 1 期。

[30] 李伯毅：《天主教第二次入华与利玛窦的贡献》，《中国天主教》2004 年第 4 期。

[31] 沈定平：《16—17 世纪中国传教团与墨西哥教会的联系及其方法的比较研究》，《世界宗教研究》1999 年第 3 期。

[32] 曾峥：《利玛窦对中西方数学文化融合的贡献》，《自然辩证法研究》2004 年第 1 期。

[33] 曾峥：《利玛窦与西方数学的传播》，《韶关学院学报》2007 年第 6 期。

[34] 彭必成、章太长：《试论利玛窦的灵活性传教方法》，《齐齐哈尔师范高等专科学校学报》2008 年第 1 期。

[35] 梁宗巨：《数学历史典故》，沈阳：辽宁教育出版社 1995 年版。

[36] 黄启臣：《澳门——16 至 19 世纪中西文化交流的桥梁》，《比较法研究》1999 年第 1 期。

[37] 郭熹微：《试论利玛窦的传教方式》，《世界宗教研究》1995 年第 1 期。

[38] 田淼：《中国数学的西化历程》，济南：山东教育出版社 2005 年版。

[39] 李文林：《数学史概论》（第 3 版），北京：高等教育出版社 2011 年版。

[40] 徐品方主编：《数学简明史》，北京：学苑出版社 1992 年版。

[41] 沈康身：《界画、〈视学〉和透视学》，自然科学史研究所、数学史组编：《科学史文集（八）》，上海：上海科学技术出版社 1982 年版。

[42] 闫瑞芬：《利玛窦西方数学思想的传入与意义》，《沧桑》2007 年第 2 期。

[43] 李文潮、[德] H. 波塞儿著，李文潮等译：《莱布尼茨与中国——〈中国近事〉发表三百周年国际学术讨论会论文集》，北京：科学出版社 2002 年版。

[44] 李伯春、李孝诚：《徐光启、利玛窦和〈几何原本〉》，《淮北煤炭师范学院学报》（自然科学版）2008 年第 2 期。

[45] 陈俊民：《"理学"、"天学"之间——论晚明士大夫与传教士"会通中西"之哲学深意（上）》，《中国哲学史》2004 年第 1 期。

［46］罗大正：《传教士东来与西学传播》，《齐鲁学刊》2004 年第 6 期。

［47］刘钝：《郭守敬的〈授时历草〉和天球投影二视图》，《自然科学史研究》1982 年第 4 期。

［48］安国风：《欧几里得在中国：汉译〈几何原本〉的源流与影响》，南京：江苏人民出版社 2009 年版。

［49］杨泽忠：《利玛窦与非欧氏几何在中国的传播》，《史学月刊》2004 年第 7 期。

［50］杨泽忠：《利玛窦与西方投影几何之东来》，《科学技术与辩证法》2004 年第 5 期。

［51］杨泽忠：《利玛窦和徐光启翻译〈几何原本〉的过程》，《数学通报》2004 年第 4 期。

［52］黄兆宏、张嫣娟：《利玛窦在华测绘经纬度地图及原因探析》，《西北民族大学学报》（哲学社会科学版）2010 年第 4 期。

［53］胡阳、李长铎：《莱布尼茨二进制与伏羲八卦图考》，上海：上海人民出版社 2006 年版。

［54］孙小礼：《莱布尼茨与中国文化》，北京：首都师范大学出版社 2006 年版。

［55］杨泽忠：《利玛窦中止翻译〈几何原本〉的原因》，《历史教学》2004 年第 2 期。

［56］余三乐：《望远镜与西风东渐》，北京：社会科学文献出版社 2013 年版。

［57］潘亦宁：《中西数学会通的尝试——以〈同文算指〉（1614年）的编纂为例》，《自然科学史研究》2006 年第 3 期。

［58］曾峥：《对"中国现代数学起源于肇庆"命题的若干思考》，《数学教育学报》2007 年第 2 期。

［59］张嫣娟：《浅议利玛窦在华测绘的经纬度地图》，《兰州教育学院学报》2010 年第 3 期。

［60］宋黎明：《神父的新装——利玛窦在中国（1582—1610）》，南京：南京大学出版社 2011 年版。

［61］李迪：《中国数学通史·明清卷》，南京：江苏教育出版社 2004 年版。

［62］杜石然：《数学·历史·社会》，沈阳：辽宁教育出版社

2003 年版。

［63］陈燮君：《利玛窦行旅中国记》，北京：北京大学出版社2010 年版。

［64］（清）阮元等：《畴人传汇编》，扬州：广陵书社 2009 年版。

［65］［日］平川佑弘著，刘岸伟、徐一平译：《利玛窦传》，北京：光明日报出版社 1999 年版。

韶文化研究丛书

参考文献

后 记

　　纵观世界发展历史可以发现，人类文明的每一次重大进展都有赖于各国和各民族之间科学文化的传播和交融。16 世纪的中西文化交流便是一个典范，它不仅使我国古代文明获得了新的生机，也使西方思想家体会到了中国儒家学说的魅力。

　　尽管当时中西文化交流的初衷和结果不尽相同，但其影响力不容忽视，而这段时期形成的"利玛窦数学文化传播与交流"理念更是成为促进中西文化融合发展的纽带和基石。

　　如果说中国的近代启蒙思想来源于利玛窦的"学术传教"，近代数学教育肇始于利玛窦与徐光启的译著《几何原本》的话，那么中西方的数学文化交流就是真正的推手。而利玛窦在广东肇庆、韶关传播西方数学文化十多年所做出的突出贡献足以证明，中国近现代数学的萌芽与发展至少可以追溯到广东，这里是中西数学文化交流的发源地。

编者

2015 年 10 月